Unser besonderer Dank gilt Herrn Wolfgang Hille, München, für seine wertvolle Unterstützung bei der Beschaffung des Bildmaterials.

Bildnachweis:

Aberham/Prenzel-Ifa 19b, 24c, 29a, 46 – Archiv für Kunst und Geschichte 11a, b, 13a, 18, 41, 44a, 68a, 82b, 90, 91, 123b, 126, 128, 129a, 135c, 144 – Baumann/Bavaria 115a – Bavaria/Prenzel-Ifa endpapers, 8, 74, 80, 84, 133, 136, 147b, 151, 152, 161b – Bundesbahnarchiv/Prenzel-Ifa 100, 101b – Frisch/Prenzel-Ifa 119a – Giraudon 9a – Glück/Prenzel-Ifa 70 – Goedel/Prenzel-Ifa 120a – Hansmann/Prenzel-Ifa 22, 32, 33, 57a, 88, 93, 122 – Hill/Prenzel-Ifa 71 – Huber/Kinkelin 110 – Huber/Prenzel-Ifa 15a, b, 132 – Interfoto 12, 14, 26, 54b, 57c, 64, 98, 105, 149, 153, 155a – Internationales Bildarchiv 67, 97, 124, 134, 135a, 143, 159, 164 – Irmer/Prenzel-Ifa 29b, 81, 148 – Kankel/Prenzel-Ifa 7, 123c – Kirsch/Kinkelin 112 – Klammet-Mochel/Prenzel-Ifa 10 – Körner/Prenzel-Ifa 111b, c, 118b – Kotoh/Zefa 99a – Lauer/Prenzel-Ifa 24b, 72, 73a, b, 165 – Lauros/Giraudon 68b – Lecom/Prenzel-Ifa 4, 28, 116, 123a – Verkehrsverein Luzern 50 – Mage/Pix 109c – Pix 69a, 106a, b, 109a – Prenzel-Ifa 20, 48, 55, 75, 78, 79, 113, 120, 121, 157 – Prenzel-Ifa/Bayrische Verwaltung der Staatlichen Schlösser, Gärten und Seen 15c, 17, 19a, 27, 56a, b, 83, 86 – Prenzel/Prenzel-Ifa 9b, 135b – Salou/Atlas 69b – Schmachtenberger/Bavaria 77a – Schösser/Prenzel-Ifa 131a – Schumacher/Zefa 73c, 77b, 111a – Stadelmann/Prenzel-Ifa 115b – Thonig/Zefa 23a – Viollet 63b, 89, 160b – Wittelsbacher Ausgleichsfond 85, 102 – Verkehrsverband Zentralschweiz 139b.

Vorsatz: einer der Prachtschlitten des Königs vor Schloß Linderhof.
Auf diesen beiden Seiten: Schloß Neuschwanstein in seiner herrlichen Lage.

ISBN 3-88059-268-3
Printed in Italy

LUDWIG II.

Die dramatische Geschichte eines Märchenkönigs

Konstantin von Grunwald

Parkland

Ludwig I. (unten rechts sein Porträt), der »bayrische Perikles«, wollte München in ein »Athen an der Isar« verwandeln: oben der Königsplatz mit dem Propyläen und der Glyptothek. Das Siegestor.

DER VIELGESICHTIGE

In einer Anwandlung von Freimut gestand einmal Ludwig II. von Bayern einem Freund in einem Brief: »Ich will für mich und für die anderen ein Rätsel bleiben.« Sein Wunsch ging in Erfüllung. Wie stellt sich diese seltsame, verwirrende, einst von den Pariser Ästheten beweihräucherte, von seinen getreuen Untertanen, den Bewohnern der bayrischen Berge, vergötterte Persönlichkeit in den Augen der Nachwelt wirklich dar? Nach Verlaine »der einzig wahre König dieses Jahrhunderts«, nach anderen der »jungfräuliche König«, der von Sagen umwobene König, der Märchenkönig, ein idealistischer Fürst mit unvergeßlichen blauen Augen, von dem alle Frauen träumten, ein leidenschaftlich in die Schönheit verliebter Schwärmer, der große Mäzen, der Richard Wagner zum Ruhm verhalf, der hochherzigste Mensch, ein wunderbarer Gesprächspartner, ein Kenner der menschlichen Seele, ein Patriot, der auf dem Altar der Nation alles zu opfern bereit war? Oder aber der Frauenverächter, der auf den Höhen der Menschheit thronende Einsame, der seinen Nächsten haßte, der Launenhafte, bereit, um einer Kleinigkeit willen die vertrauteste Freundschaft zu brechen, ein grausamer Tyrann, der seine Diener auspeitschen ließ, ein Irrer, der die Schatten Ludwigs XIV. und der Marie Antoinette an seine Tafel lud und seinen Arzt mit sich in den Tod riß? Ein Herrscher, der sich seinen Ministern wochenlang entzog, wenn sie ihn an seine Pflichten zu erinnern kamen? Der exzentrische Fürst, der zu nächtlicher Stunde in einem vergoldeten, mit barocken Figuren wie der Fee Carabisse geschmückten Schlitten, umgeben von fackeltragenden Reitknechten über die verschneiten Pfade Oberbayerns raste? Das alles war Ludwig von Bayern – aber er war noch vieles mehr.

Herzog Maximilian I. von Bayern. Die Heirat Eugène de Beauharnais', dem Stiefsohn Napoleons mit Amelia von Bayern in Anwesenheit des Kaisers. Schloß Haimhausen in Oberbayern, Familienbesitz der Wittelsbacher.

Versucht man, ihn zu verstehen, muß man wissen, daß wir einen typischen »Letzten seines Stammes« vor uns haben, dessen Persönlichkeit eines konstitutionellen Monarchen ihren Platz leicht unter den Gestalten des Mittelalters fände. Das Haus Wittelsbach, dem er entstammte, ist älter als die Kapetinger und die Welfen; sein Stammbaum geht bis auf Karl den Großen zurück. Einer seiner Ahnen war schon im Jahr 900 Herzog von Bayern und Markgraf von Kärnten. Seit damals haben die Wittelsbacher vierzig Generationen hindurch ohne Unterbrechung über Teile Bayerns geherrscht. Die Geschichte dieser streitbaren Herzöge, Pfalzgrafen, Kurfürsten und schließlich Könige ist eng mit der Geschichte Europas verknüpft und stellt eine lange Chronik von Schlachten, Exkommunikationen, dynastischen Vereinigungen (am häufigsten mit den Habsburgern) dar. Bald ergriffen sie Partei für den Papst, bald wieder für den Kaiser, und haben die Krone des Heiligen Römischen Reichs Deutscher Nation selbst zweimal getragen. Sie waren seit eh und je leidenschaftliche Kunstliebhaber: einer der Ihren hat 1422 den großen niederländischen Maler van Eyck an seinen Hof geladen, ein anderer war Dürers Schirmherr; im 17. Jahrhundert errichteten sie das prunkvolle Mannheimer Schloß, die schöne Münchner Residenz und das Lustschloß Nymphenburg mit seinen reizenden Gartenpavillons in der Umgebung Münchens. Sie haben ihre Oper zu einer der besten Europas gemacht.

Ende des 13. Jahrhunderts spaltete sich das Haus Wittelsbach in zwei Linien, die bayrische und die pfälzische, die sich jedoch nach 488 Jahren wieder vereinigten, als Karl Theodor, Kurfürst von Zweibrücken, die Nachfolge seines bayrischen Vetters antrat und sich in München niederließ. Nach seinem Tod ging das Erbe auf Maximilian Joseph von Zweibrücken

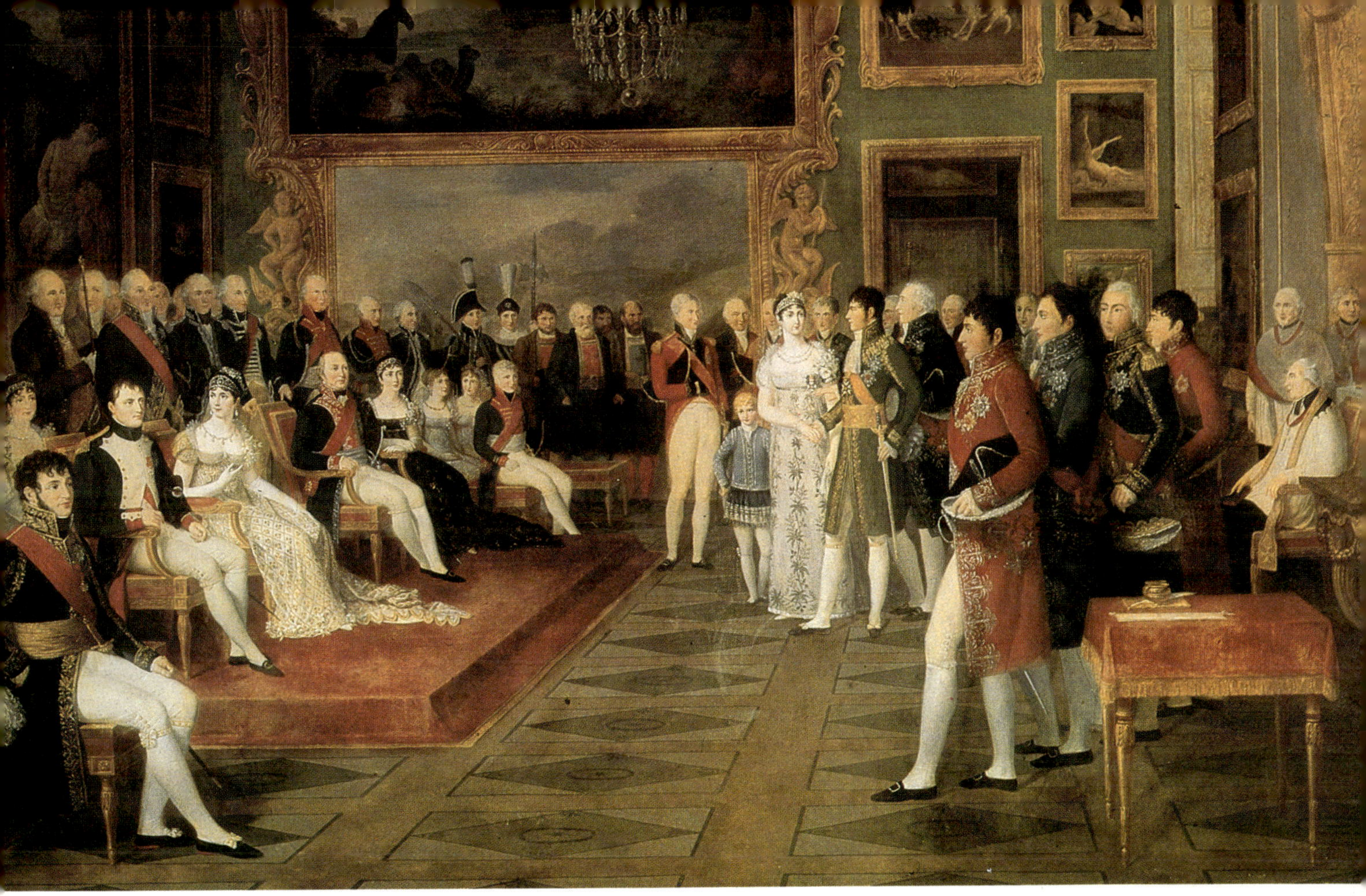

über, der vorher Oberst in einem in Straßburg stationierten französischen Kürassierregiment war. Er blieb der Grande Armée treu, erhielt von Napoleon den Königstitel und verheiratete seine Tochter mit Eugène de Beauharnais.

Ludwig I. (unten rechts sein Porträt), der bayrische Perikles, wollte München in ein »Athen an der Isar« verwandeln. Oben der Königsplatz mit dem Propyläen und der Glyptothek und das Siegestor.

KÖNIG LUDWIG I.

Der Taufpate seines Nachfolgers, des Königs Ludwigs I. von Bayern, war Ludwig XVI. Ludwig I. teilte allerdings die politischen Ansichten seines Vaters nicht, bezeichnete sich als deutschen Patrioten und konnte es nie vergessen, daß ihn in der Kindheit eine französische Artilleriesalve fast seines Gehörs beraubt hatte. Seine Jugend verbrachte er unter Malern und Bildhauern und hielt sich wiederholt und lange in Italien auf. Als er den Thron bestieg, erwarteten sich die Münchner einen ewigen Karneval von ihm. Der König wollte jedoch höher hinaus: Seine Hauptstadt sollte eine moderne Stadt, die schönste Deutschlands, werden. Der klassischen Architektur leidenschaftlich ergeben, hoffte er München in ein »Athen an der Isar« zu verwandeln. Er verbreiterte die Hauptverkehrsstraßen, ließ neue Paläste um den Odeonsplatz errichten, stellte Nachbildungen der Propyläen und des konstantinischen Triumphbogens auf. Die Fassade der neuen Staatsbibliothek wurde mit den Statuen Kaiser Konstantins und Homers geschmückt. Für den Wiederaufbau der Basilika des Hl. Bonifaz ließ er sich von den Kirchen Ravennas inspirieren. Schließlich beauftragte er den berühmten Klenze mit dem Bau der Alten Pinakothek, einem Museum im Renaissancestil, das die reichsten königlichen Sammlungen Deutschlands aufnehmen sollte. Die Münchner glaubten sich in das Zeitalter des Perikles zurückversetzt.

Man könnte allerdings nicht behaupten, daß seine Bauten zu einem vollen Erfolg wurden. Mit seinen Kopien aller möglichen berühmten Bauwerke verwandelt sich München nur in ein Athen aus Pappmaché, in ein riesiges Museum von Gipsabgüssen. Dennoch beklagen sich seine Untertanen nicht, denn ihr König weiß mit den Talern hauszuhalten, ist geizig wie Harpagon und wandert in alten Kleidern, mit dem Regenschirm in der Hand, durch seine Stadt.

Die Lage ändert sich, als sich der alternde Monarch immer stärker für die weibliche Schönheit zu interessieren beginnt. Die Münchner amüsieren sich, als sie sehen, daß er in seiner Residenz eine Gemäldegalerie mit den Porträts von sechsunddreißig hübschen Frauen und jungen Mädchen anlegt; es sind Bilder von Erzherzoginnen und Metzgerstöchtern, Schauspielerinnen und Prinzessinnen, und sie sind heute noch zu bewundern.

»Der alternde Monarch interessierte sich immer mehr für die weibliche Schönheit«. Rechts seine Geliebte, Lola Montez.

LOLA MONTEZ

Das alles war noch harmlos. Anfang 1846 jedoch überrennt eine junge Fremde die Schloßwachen, stößt die Lakaien beiseite, dringt unversehens in das Arbeitszimmer des Königs ein, wirft sich ihm zu Füßen und fleht ihn um die ihr von der Direktion verweigerte Bewilligung an, auf den Brettern des Königlichen Theaters erscheinen zu dürfen. Sie bezeichnet sich als Spanierin und tanzt unter dem Namen Lola Montez. In Wirklichkeit ist sie eine Abenteuerin ganz großen Stils, in Irland geboren, in Indien aufgewachsen, mit einem englischen Offizier vage verheiratet. Sie hat ganz Europa von Sevilla bis Petersburg bereist, umgeben vom Nimbus lautstarker Skandale. Zu ihren Liebhabern zählten Franz Liszt, Alexandre Dumas, der Prinz Reuß, der Vizekönig von Polen, Graf Paskiewicz; ein Pariser Journalist wurde um ihretwillen in einem Duell getötet. Mit ihrem sinnlichen Gesicht, den leidenschaftlichen blauen Augen, in einer schwarzsamtenen Robe mit tiefem Dekolleté erobert sie den König von Bayern im Handumdrehen. Zu Romeo verwandelt, kann ihr der bayrische Perikles nichts mehr verweigern. Sie tanzt im Theater vor einem von Polizisten besetzten Parterre, wird zur Gräfin von Landsfeld erhoben und spielt die Rolle einer deutschen Dubarry. Sie scheint politische Ideen zu hegen und tritt für den Fortschritt ein. Bald erklärt sich ganz München gegen sie; das Heer, der Adel, der Hof, das Kleinbürgertum, die Geistlichkeit erklären, sie sei eine Hexe; andere wieder sehen in ihr eine Agentin Palmerstons oder Mazzinis. Als Studenten vor ihrem Haus randalieren, schüttet sie ihnen eisgekühlten Champagner und heiße Schokolade auf die Köpfe, und der König, der eben in diesem Augenblick allein daherkommt, läßt die Menge durch berittene Polizei zerstreuen. Er entfernt Universitätsprofessoren klerikaler Tendenzen, bildet sein Kabinett um, das er mit Liberalen, die Lola protegiert, besetzt. Als man jedoch die Universität schließen und aufrührerische Studenten relegieren will, kommt es zu einem richtigen Aufstand: in den Straßen Münchens werden Barrikaden errichtet, und die Bevölkerung fordert die Landesverweisung der Tänzerin. Unter dem Druck der Menge unterzeichnet der König ein Dekret, mit dem Lola Montez aufgefordert wird, München zu verlassen – und vertieft sich hierauf in die Lektüre Herodots.

Man befindet sich am Vorabend der Iden des März: in Paris bricht die Revolution von 1848 aus, und in unerwarteter Umkehrung der Dinge erheben sich wieder Barrikaden in München. Diesmal ist die Bewegung jedoch von den Liberalen inspiriert und gegen den König gerichtet, von dem man eine Verfassungsreform verlangt. Am 21. März 1849 verzichtet Ludwig I. auf die von ihm dreiundzwanzig Jahre lang getragene Krone. Er geht ins Exil, läßt sich in Rom nieder, wo er schon früher die Villa Malta erworben hatte, und umgibt sich mit Künstlern, Wissenschaftlern und Malern; durch Erfahrung gereift, erteilt er hie und da seinen Nachfolgern kluge Ratschläge, bis er 1868 in Nizza stirbt. Lola Montez hatte ihr unstetes Leben längst wieder aufgenommen; sie wurde in London wegen Bigamie angeklagt, ging in die Vereinigten Staaten und starb verarmt in New York.

Links eine zeitgenössische Karikatur des Königs und der Tänzerin.

KÖNIG MAXIMILIAN, MARIE VON PREUSSEN UND DIE KINDHEIT LUDWIGS II.

In Bayern waren die Zügel der Regierung in tüchtige Hände gekommen. König Maximilian, der Sohn Ludwigs I. und der Vater Ludwigs II., war ein ernster Mann vom Typ eines Universitätsprofessors, der er gerne geworden wäre. Nichts konnte diesen Fürsten, der das Lachen nicht kannte, von seinen Pflichten ablenken. Seine Gattin, Marie von Preußen, war eine sehr nüchterne Frau mit häuslichen Tugenden. Sie gestand, niemals ein Buch gelesen zu haben, war jedoch eine begeisterte Bergsteigerin, ein Sport, den sie in Mode brachte. Französische Besucher fanden, sie sei eine schöne, sympathische Erscheinung, und bewunderten ihre Wohnräume, in denen »ein Duft der Ehrbarkeit schwebt, der dem Herzen wohltut«.
Diesem Ehepaar also wurde der Held unseres Buches, der zukünftige Ludwig II. von Bayern, geboren. Will man den Forschungsergebnissen deutscher Gelehrter glauben, so ist es die Mutter, von der das Kind sein verdorbenes Blut geerbt hat. Die Wittelsbacher waren, von seltenen Ausnahmen abgesehen und trotz ihrer Blutsverwandtschaft mit den Habsburgern, stets normal gewesen, wenn auch oft das Gegenteil behauptet wird. Noch in unseren Tagen beschäftigte sich ein Mann ihres Namens, Prinz Konstantin, aktiv mit der Politik seines Landes und war als Journalist in Presse und Rundfunk tätig. Die gleiche Vitalität kann man nicht in jenem Zweig der Hohenzollern finden, dem die Königin Marie angehörte. Ihr Vater, Prinz Friedrich Karl, war ein schüchterner, einsamer Mann; seine Großmutter von Hessen sah Gespenster, und geht man noch weiter zurück, findet man in deren Stammbaum eine ganze Reihe von Prinzen von Hessen und von Braunschweig mit ausgesprochen abnormalen Neigungen.

König Maximilian und Marie von Preußen, die Eltern Ludwigs II. Sein Geburtszimmer in Schloß Nymphenburg und ein Ausschnitt der Ahnengalerie des Schlosses.

Königin Marie und ihre beiden Söhne Ludwig und Otto. Rechts: Ludwig. »Sich selbst überlassen, rettet sich Ludwig schon als Kind in den Traum«.

Der große Chemiker Liebig war einer der wenigen guten Lehrer Ludwigs. Rechts eine Fotoaufnahme der beiden Brüder und ein Gang in der Münchner Residenz.

Dennoch deutete in der Kindheit des Prinzen Ludwig und seines jüngeren Bruders Otto nichts auf das künftige Mißgeschick der beiden hin. Zu Sorge gab jedoch die Art Anlaß, wie man sie erzog. König Maximilian, aller Zärtlichkeit abhold, suchte sie spartanisch zu erziehen: früh aufstehen, magere Kost, sehr viel Unterricht, strenge Strafen und nur wenige Pfennige Taschengeld. Mit Ausnahme des Theologen Döllinger und des großen Chemikers Liebig boten ihnen schlecht gewählte Lehrer selbst auf militärischem Gebiet nur mittelmäßigen Unterricht.

Sich selbst überlassen, rettet sich Ludwig schon als Kind in den Traum. Seine französische Erzieherin schildert ihm die Herrlichkeiten von Versailles und impft ihm die Vorstellung von der Überlegenheit der Fürsten über andere Menschen ein. Schloß Hohenschwangau regt die Phantasie des Knaben an: er wird es nicht müde, die romantischen Wandgemälde von Lohengrin mit seinem Schwan und dem Zyklus der Nibelungensage zu bewundern. Mit dreizehn Jahren wohnt er einer Vorstellung des »Lohengrin« bei, die ihn in hysterische Begeisterung versetzt; die Schriften Wagners werden ihm zum Lehrbuch.

Der König plant, seinen Erben auf die Universität Göttingen zu schicken, aber das Schicksal läßt ihm keine Zeit dazu. Er stirbt 1864 und hinterläßt den bayrischen Thron einem achtzehnjährigen Jüngling.

»Blick auf München« im 19. Jh. von Eugen Adam (Privatsammlung). Die jungen Prinzen Ludwig und Otto. Ludwig mit seinen Eltern. »Dennoch deutete in der Kindheit des Prinzen Ludwig und seines jüngeren Bruders Otto nichts auf das künftige Mißgeschick der beiden hin.«

Schloß Hohenschwangau, Familiensitz der bayrischen Könige im 19. Jh., von Ferdinand Jodl. Luftaufnahme. Die beiden Brüder mit ihrer Mutter und einem Lehrer und der junge Erbprinz bei der Rückkehr von einer Kahnpartie.

Prinz Ludwig, wie ihn Bismarck auf Schloß Nymphenburg traf (oben). Das Antiquarium der Residenz.

Ein Jahr vorher war Bismarck auf der Durchreise von Königin Marie in ihrem Schloß Nymphenburg empfangen worden. Neben dem Erbprinzen sitzend, hatte er, dessen Blick nichts entging, den jungen Mann beobachtet. »Ich hatte den Eindruck, daß er mit seinen Gedanken nicht bei der Tafel war und sich nur ab und zu seiner Absicht erinnerte, mit mir eine Unterhaltung zu führen, die aus dem Gebiete der üblichen Hofgespräche nicht herausging. Gleichwohl glaubte ich in dem, was er sagte, eine begabte Lebhaftigkeit und einen von seiner Zukunft erfüllten Sinn zu erkennen. In den Pausen des Gesprächs blickte er über seine Frau Mutter hinweg an die Decke und leerte ab und zu hastig sein Champagnerglas, dessen Füllung, wie ich annahm, auf mütterlichen Befehl verlangsamt wurde, so daß der Prinz mehrmals sein leeres Glas rückwärts über seine Schulter hielt, wo es zögernd wieder gefüllt wurde. Er hat weder damals noch später die Mäßigkeit im Trinken überschritten, ich hatte jedoch das Gefühl, daß die Umgebung ihn langweilte und er den von ihr unabhängigen Richtungen seiner Phantasie durch den Champagner zu Hülfe kam. Der Eindruck, den er mir machte, war ein sympathischer. . . «

Dieses Foto zeigt Ludwig bei Tisch mit seiner Mutter und seinem Bruder. Rechts der junge König im Krönungsmantel. »Ludwig II. eroberte sich seine Untertanen in wenigen Tagen. Ludwig bezauberte sie durch seine fast übermenschliche Schönheit.«

ERSTE REGIERUNGSZEIT

Ludwig II. eroberte sich seine Untertanen in wenigen Tagen. Als sie ihn hinter dem Sarg seines Vaters in leichtem Gleichschritt durch die Straßen der Hauptstadt einherschreiten sahen, glaubten die stämmigen, vierschrötigen, aber in den Hellenismus verliebten braven Münchner, in Ludwig und seinem Bruder Otto die beiden Heldenjünglinge des antiken Griechenland, Orest und Pylades, vor sich zu sehen. Ludwig bezauberte sie durch seine fast übermenschliche Schönheit, die hohe, schlanke Gestalt, das hocherhobene Haupt, das dichte, leicht gelockte Haar, die großen, tiefblauen Augen. »Selbst wenn er ein Bettler gewesen wäre«, schrieb die Schriftstellerin Klara Tschudi, »hätte er sich meiner Aufmerksamkeit nicht entziehen können. Er war der schönste Jüngling, den ich je gesehen habe.«
Auch Menschen, die näher an ihn herankamen, zollten ihm hohes Lob. Fürst von Hohenlohe, sein Ratspräsident und späterer deutscher Kanzler, schrieb an Königin Viktoria: »Was Bayern betrifft, so kann ich die Bemerkung nicht unterdrücken, daß wir den liebenswürdigsten Monarchen haben, der mir noch je vor Augen gekommen ist. Er ist eine durchaus edle poetische Natur. Sein Wesen ist so außerordentlich einnehmend, weil man fühlt, daß seine Höflichkeit der Ausdruck eines wohlwollenden Herzens ist. Dabei fehlt es ihm nicht an Verstand und Charakter. Ich hoffe, daß die Aufgaben, welche ihm während seiner Regierung bevorstehen, seine Kräfte nicht übersteigen möchten.« Einhellig anerkannte man seine würdevolle Haltung, die Höflichkeit, mit der er seine Besucher aufnahm, seine elegante Sprache und sogar sein sicheres Urteil.
Waren diese Beteuerungen nicht doch etwas übertrieben? Ludwig II. hatte den Thron, erst achtzehnjährig, bestiegen, ohne im geringsten auf sein Amt vorbereitet worden zu sein. Seinen Erziehern war es nicht gelungen, in ihm Pflichtgefühl und Interesse für ernste Angelegenheiten zu erwecken. Seine Vorstellung von der Reichweite seiner Macht war völlig anachronistisch. Zu seinem Vetter, dem Großherzog von Hessen, sagte er einmal, er würde nie in einer der des Zaren vergleichbaren Lage sein, der einzigen, die eines Souveräns wirklich würdig sei. Er besaß keinerlei Kenntnis der politischen Probleme seines Landes.

LUDOVICUS II.
BAVARIAE REX
MDCCCLXV.

Die Münchner Residenz. Links der Brunnenhof. Auf dieser Seite der Thronsaal.

Ludwig II. bei der Fronleichnams-Prozession in der Frauenkirche. — »Er hält sich fast ständig in seiner ländlichen Residenz Schloß Berg auf« (oben). Folgende Seiten: ein Bierkrugdeckel mit dem Porträt Ludwigs und »König Ludwig II. von Bayern als Jüngling«, von M. Jacob (Privatsammlungen).

Bisher war Ludwig II. mit keinen Menschen außer den Dörflern Oberbayerns in Berührung gekommen, braven, aber ungehobelten, ziemlich derben Leuten und fast Analphabeten. Die Treue dieser Gebirgler zur Monarchie war erprobt. Seit der Vergrößerung Bayerns in der napoleonischen Zeit umfaßte es jedoch nunmehr auch Franken und die Pfalz mit ihren hochindustrialisierten Städten und deren von liberalen Vorstellungen durchdrungenen Bevölkerung, die bereits von der Einheit Deutschlands träumte, durch die seiner Wirtschaft ein erweiterter Spielraum geboten werden würde. Im nördlich gelegenen Preußen stand die Wiedererrichtung des Deutschen Reichs bereits auf der Tagesordnung: zwei Jahre vor der Thronbesteigung Ludwigs, im September 1862, war Bismarck in Berlin an die Macht gekommen.

Sechs Minister, drei Generalstäbler, andere kluge Ratgeber hätten den jungen Monarchen weitgehend über alle diese Fragen unterrichten können. Bei Ludwig II. ist jedoch von Anfang an ein seltsamer Hang zur Zurückgezogenheit festzustellen. Er flieht die Menschen, er weigert sich, den Nachbarfürsten die vom Protokoll geforderten Besuche abzustatten. Gesandte empfängt er nur zur Entgegennahme ihrer Beglaubigungsschreiben, seinen Ministern gewährt er nur sehr selten Audienzen und gibt sich mit den Berichten seines Kabinettchefs Pfistermeister zufrieden, eines unterwürfigen Menschen bescheidener Herkunft, der reaktionären und parlamentsfeindlichen Ideen huldigt. Auch nach Aufhebung der Hoftrauer gibt es keine Empfänge bei Hof mehr, keine Konzerte mehr, und sogar der alljährliche Hofball wird häufig abgesagt. Immer seltener erscheint Ludwig II. in München; er hält sich fast ständig in seiner ländlichen Residenz, Schloß Berg, auf.

»Nur ein Wunder kann mich noch retten«, hatte Wagner dem jugendlichen »vor Schönheit und Begeisterung strahlenden« König geschrieben. Das Bildnis des Komponisten und sein am 3. Mai 1864 in Stuttgart verfaßter Brief.

MIT DER INNIGKEIT UND GLUT DER ERSTEN LIEBE

Dennoch wird dieser einsame junge Monarch bald die ganze Welt von sich reden machen. Ende April 1864, schon einen Monat nach seiner Thronbesteigung, beauftragt er seinen treuen Kabinettchef Pfistermeister, ihm Richard Wagner herbeizuholen. Der heute so berühmte Komponist machte damals die kritische Phase seines Lebens durch, von der Öffentlichkeit verkannt, von Geldsorgen und der Unsicherheit über die Zukunft seines Werkes bedrückt. Als Teilnehmer am Dresdner Aufstand von 1848 war er als gefährlicher Revolutionär angeschrieben. In die Enge getrieben, floh er vor seinen Gläubigern und zog von einer Stadt zur anderen, ohne seine Anschrift zu hinterlassen. Seine an die Könige von Preußen und von Hannover gerichteten Bitten um Hilfe und Schutz blieben unbeantwortet. Es war keine leichte Aufgabe für Pfistermeister, den umherirrenden Musiker aufzufinden. Nach vergeblicher Suche in Wien und in der Schweiz gelang es ihm endlich, den völlig Verzweifelten in Stuttgart zu entdecken und ihm einen Ring und einen Brief seines königlichen Herrn zu übergeben. »Nur ein Wunder kann mich noch retten«, hatte Wagner geschrieben. Das Wunder war geschehen.

Fünf Tage später standen sie einander von Angesicht zu Angesicht gegenüber: der fünfzigjährige Komponist, kurzbeinig, das Gesicht von den Prüfungen des Schicksals gezeichnet, und der jünglingshafte König, strahlend vor Schönheit und Begeisterung. In einer spontanen Aufwallung zieht Ludwig den Mann in die Arme, den er bereits als seinen Abgott betrachtet, und verspricht ihm, dafür zu sorgen, daß sein Werk triumphiert.

Am 5. Mai 1864 schrieb Ludwig an Wagner: »Ich will Alles thun, was irgend in meinen Kräften steht, um Sie für vergangene Leiden zu entschädigen. Die anderen Sorgen des Alltagslebens will ich von Ihrem Haupt auf immer verscheuchen. Unbewußt waren Sie der einzige Quell meiner Freuden von meinem zarten Jünglingsalter an, ein Freund, der mir wie keiner zum Herzen sprach, mein bester Lehrer und Erzieher.« Und in einem anderen Brief: »Dieses wonnevolle Werk wollen wir der deutschen Nation zum Geschenk machen und ihr wie den anderen Nationen zeigen, was deutsche Kunst vermag.«

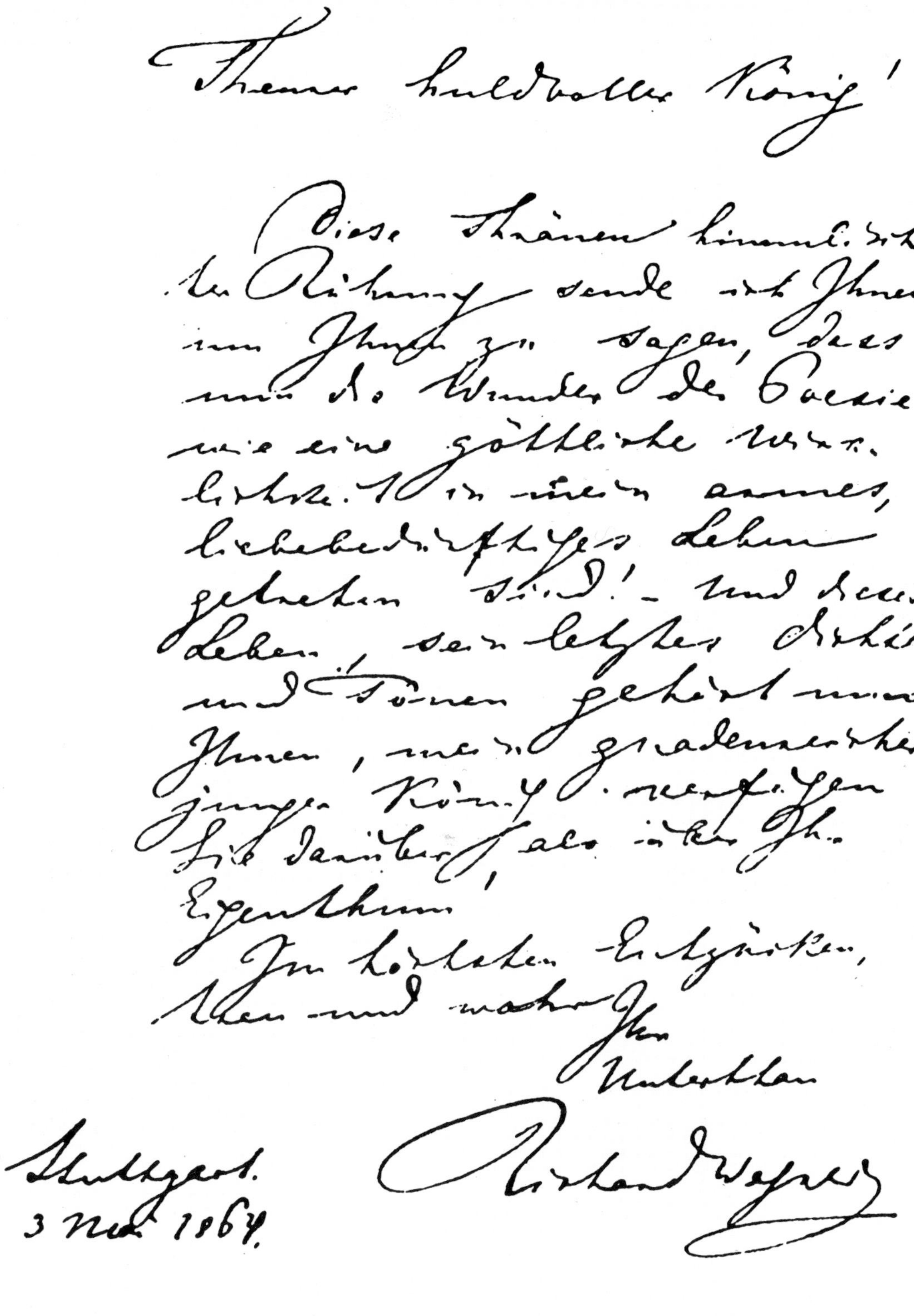
Theurer huldvoller König!

Diese Thränen himmlischester Rührung sende ich Ihnen, um Ihnen zu sagen, dass nun die Wunder der Poesie wie eine göttliche Wirklichkeit in mein armes, liebebedürftiges Leben getreten sind! – Und dieses Leben, sein letztes Dichten und Tönen gehört nun Ihnen, mein gnadenreicher junger König: verfügen Sie darüber, als über Ihr Eigenthum!

Im höchsten Entzücken, treu und wahr Ihr Unterthan

Richard Wagner

Stuttgart.
3 Mai 1864.

Wagner seinerseits teilte seiner Vertrauten, Frau Wille, mit: »Ich wäre der undankbarste Mensch, wollte ich Ihnen nicht sofort mein grenzenloses Glück melden. Sie wissen, daß mich der junge König von Bayern hat aufsuchen lassen. . . Er liebt mich mit der Innigkeit und Glut der ersten Liebe: Er kennt und weiß alles von mir und versteht mich wie meine Seele. Er will, ich soll immer da bei ihm bleiben, arbeiten, ausruhen, meine Werke aufführen; er will mir Alles geben, was ich dazu brauche; ich soll die Nibelungen fertigmachen, und er will sie aufführen, wie ich will. Ich soll mein unumschränkter Herr sein, nicht Kapellmeister, nichts, als ich und sein Freund. . . Mein Glück ist so groß, daß ich ganz zerschmettert davon bin.«

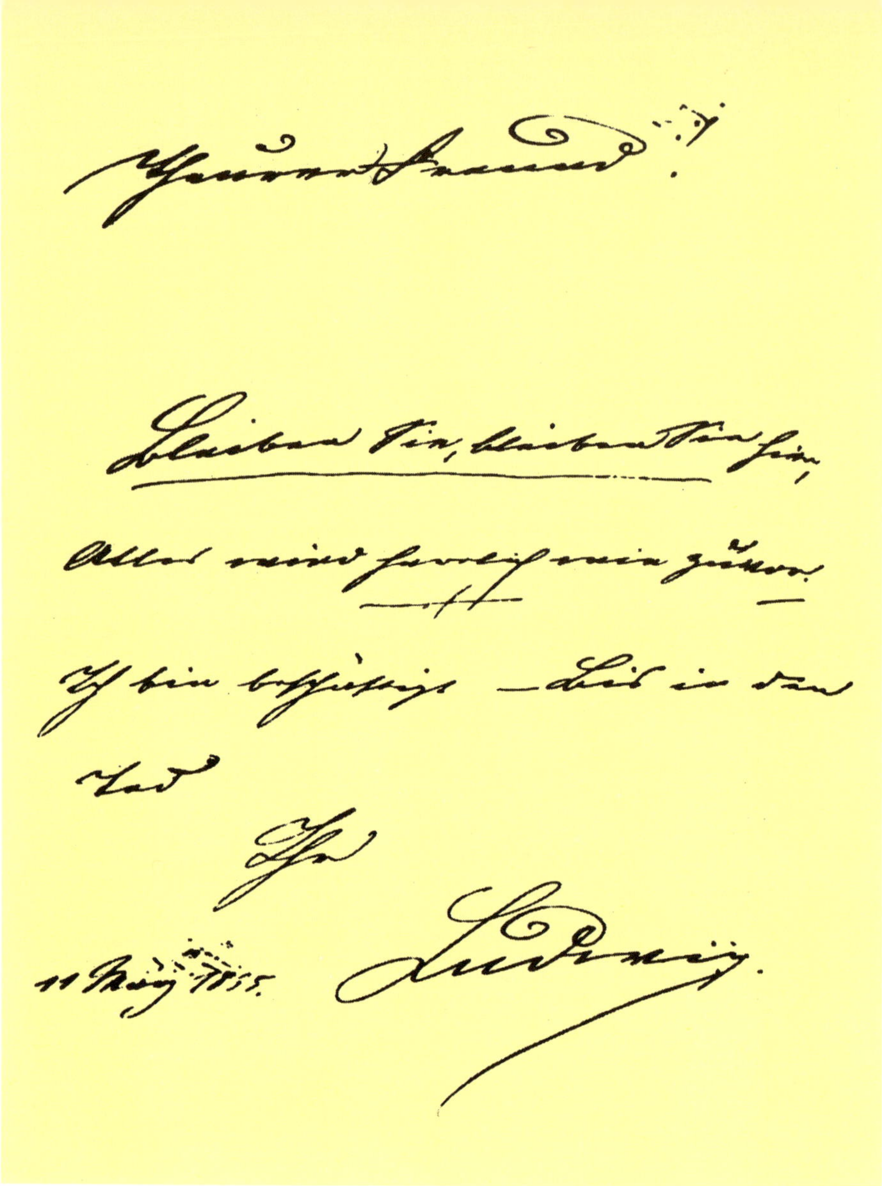
Theurer Freund!

Bleiben Sie, bleiben Sie hier,

Alles wird herrlich wie zuvor.

Ich bin beschäftigt – bis in den Tod

Ihr

Ludwig.

11 Mai 1865.

PLÄNE UND ERFOLG

Von dieser ersten Begegnung an entwickelt sich eine eigenartige Idylle. Ludwig hält alle seine Versprechen. Sofort nach der Ankunft Wagners stellt er ihm eine Villa im besten Viertel Münchens zur Verfügung. Er bezahlt Wagners Schulden und läßt ihm in den folgenden siebzehn Monaten bis zu hunderttausend Gulden aushändigen; er läßt eine zweite Villa am Starnberger See, eine Viertelstunde Wagenfahrt von seiner Residenz Berg entfernt, für ihn mieten. Wagner zieht im Juni hin; in unmittelbarer Nachbarschaft lebend, sehen sie einander ständig. Wagner legt dem König seine Theorien dar, spielt ihm seine Werke vor. Ein Adjutant des Königs, Graf Paul von Thurn und Taxis, singt im Theaterkostüm die Arie des Lohengrin auf dem erleuchteten See, aufrecht in einer vergoldeten Barke stehend, von einem Opernschwan gezogen. Es tut sich jedoch noch Wichtigeres. Man bereitet die Inszenierung des »Fliegenden Holländers« vor. Ludwig nimmt sich vor, wichtige Werke von Shakespeare, Calderon, Mozart, Gluck, Weber aufführen zu lassen, um den Geschmack des Münchner Publikums zu bilden und es auf die Wunder der Wagnerschen Werke vorzubereiten. Schon wird der Plan erörtert, von Architekt Semper ein großes Theater errichten zu lassen, das eigens für die Aufführungen des zukünftigen »Ring des Nibelungen« bestimmt sein soll;

Königliche Botschaft an Wagner und das Haus, das der König ihm sofort nach seiner Ankunft in München im besten Viertel der Stadt zur Verfügung stellte.

die Kosten werden sich auf sechs Millionen belaufen, eine für jene Zeit sehr bedeutende Summe, die das Dreifache der königlichen Zivilliste beträgt. Wagner sammelt Freunde um sich, die an ihn glauben: Liszt, den Orchesterchef und Pianisten von Bülow und dessen Gattin Cosima, Tochter Liszts, berühmt für ihre Schönheit, ihre Klugheit und ihren Ehrgeiz. Der König seinerseits hat in seinem Salon neben die Bilder seiner Ahnen das Porträt Wagners hängen lassen. Er glaubt ein gleichgestimmtes Herz gefunden zu haben, das er vor allen anderen besitzt. Was liegt ihm an dieser formlosen Masse von Mündern und Armen, die ihm, wenn er vorbeifährt, zujubelt? Was liegt ihm an den nichtssagenden Gesichtern seiner Höflinge? Woran ihm einzig liegt, ist die bevorstehende Aufführung des »Fliegenden Holländers«. Sie findet am 4. Dezember in Gegenwart des Herrschers und aller Getreuen Wagners statt. Wagner dirigiert selbst und hat nach dem letzten Akt einen vollen Erfolg errungen. Nun handelt es sich darum, ihn auszunützen und sofort den »Tristan« einzustudieren, jenes Werk, das alle Kritiker zum Schweigen bringen soll. Es soll »eine tiefe Erneuerung des musikalischen Stils »herbeiführen«, eine völlige Reform der Gesangskunst und Gesangsschule, des Vortrags, des Spiels der Darsteller, kurz, ein gänzliches Umprägen des lyrischen Dramas, das in konventionellster Plattheit versunken ist. Es ist eine ganz neue Belehrung, eine ungeahnte Kunst. . . « (Guy de Pourtalès)

»Während ganz Deutschland besorgt die Zwietracht verfolgte, die zwischen Österreich und Preußen ausgebrochen war, sprach man in München über nichts anderes als die Aufführung des neuen Wagnerschen Meisterwerks.« Ein vielsagendes Plakat, der junge Hans von Bülow und eine karikaturistische Darstellung des jungen Orchesterchefs bei einer Aufführung von *Tristan und Isolde.*

TRISTAN

Das Jahr 1865 sollte das Jahr »Tristans« werden. Während ganz Deutschland besorgt die Zwietracht verfolgte, die zwischen Österreich und Preußen über das von den Armeen dieser beiden Länder eroberte Schleswig-Holstein ausgebrochen war, sprach man in München über nichts anderes als die Aufführung des neuen Wagnerschen Meisterwerks. Die Leitung der königlichen Oper war emsig auf eine prunkvolle Inszenierung bedacht, für die Hauptrollen engagierte man die beiden besten Sänger Deutschlands, das Ehepaar Schnorr von Carolsfeld; Hans von Bülow hetzt die Musiker durch einundzwanzig Proben, die er der Presse zufolge »mit der ganzen Anmaßung und Grobheit des Preußen« abhielt. Aus Anlaß der in Gegenwart Ludwigs II. abgehaltenen Generalprobe am 21. Mai unterzeichnete der König dem ehemaligen Teilnehmer am Dresdner Aufstand zuliebe eine Amnestie für alle nach der Revolution von 1848/49 Verurteilten. Endlich kam der große Tag, der 16. Juni, ein Samstag; er sicherte dem Meister den Triumph.
Edmond Schuré, ein französischer Wagnerianer, Zeuge des Schauspiels, schreibt in seinem Buch »Drame musical, Richard Wagner, Son Œuvre et son Idée«: »Der ersehnte Tag war gekommen. Der Saal war voll besetzt. Der zwanzigjährige König erschien allein, in Zivil, in der großen, mit Vergoldungen überladenen Königsloge, die der Bühne gegenüberliegt. In diesem Augenblick erstrahlte er in einer wunderbaren Schönheit. Seine feinen Jünglingszüge, seine von braunem lockigen Haar umrahmte Stirn, seine großen dunkelblauen Augen, deren Blick immer aufwärtsgerichtet war, erstrahlten in einem sanften Glanz. Seine ganze Person atmete ein ruhiges Hochgefühl und reinste Begeisterung. Lärmende Fanfaren, wiederholte Hochrufe begrüßten ihn; aber er schien, die Augen in seinen Traum verloren, die ihm zujubelnde Menge überhaupt nicht zu sehen.«
Unter den Zuhörern gab es allerdings auch abweichende Meinungen. Die Gattin des großen Malers Kaulbach findet »die Musik für unsere schwachen Nerven und Ohren ungenießbar. Der Gesang besteht nur in heulenden schrillen Tönen«, und sie bekennt, sie sei überzeugt, »mit diesen drei Aufführungen wird wohl Tristan und Isolde sich ins Privatleben zurückziehen müssen«.

Wer wagt, mich zu höhnen?

Herr Tristan trete nah.

**Heiliger Dämm'rung
Hehres Ahnen
Löscht des Wähnens Graus
Welt-erlösend aus.**

**Mund an Mund
Eines Athems
Einiger Bund.**

Mir — dies — dies — Tristan mir?

**In der Duftwellen tönendem Schall
In des Weltathems wehendem All —
Ertrinken — versinken — unbewußt —
höchste Lust.**

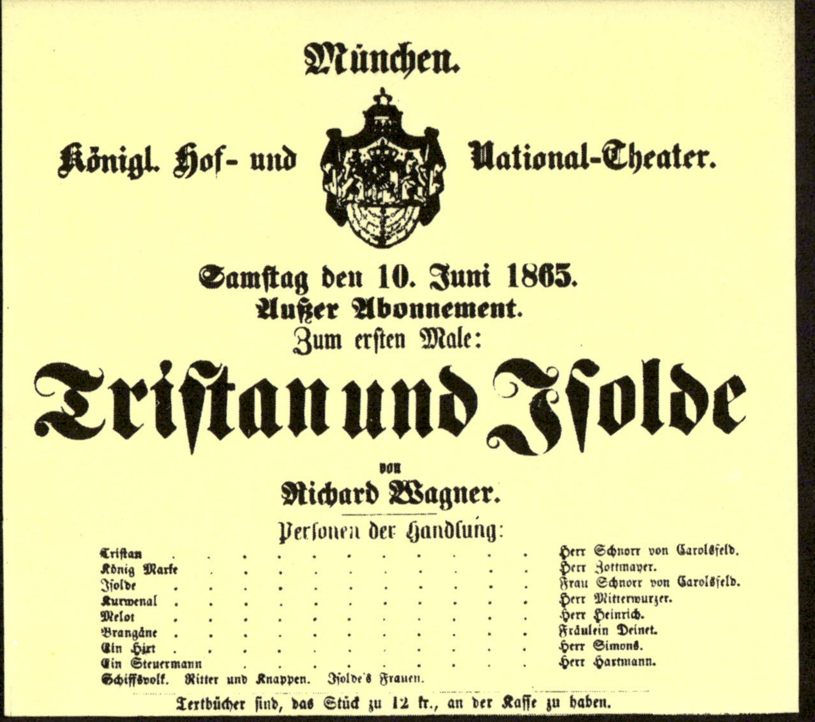

München.

Königl. Hof- und National-Theater.

Samstag den 10. Juni 1865.

Außer Abonnement.

Zum ersten Male:

Tristan und Isolde

von

Richard Wagner.

Personen der Handlung:

Tristan	Herr Schnorr von Carolsfeld.
König Marke	Herr Zottmayer.
Isolde	Frau Schnorr von Carolsfeld.
Kurwenal	Herr Mitterwurzer.
Melot	Herr Heinrich.
Brangäne	Fräulein Deinet.
Ein Hirt	Herr Simons.
Ein Steuermann	Herr Hartmann.

Schiffsvolk. Ritter und Knappen. Isolde's Frauen.

Textbücher sind, das Stück zu 12 kr., an der Kasse zu haben.

Ein Plakat und ein Bühnenbild zu *Tristan und Isolde* und die abendliche Auffahrt vor dem Münchner Hoftheater.

»Ludwig läßt eine zweite Villa am Starnberger See, eine Viertelstunde Wagenfahrt von seiner Residenz Berg entfernt für Wagner mieten«. Rechts der Anfang eines Briefes des Herrschers an den Komponisten vom 15. Mai 1865 — an diesem Tag sollte *Tristan* ursprünglich fertiggestellt sein.

Über die Freundschaft dieser beiden außergewöhnlichen Männer sind viele Bände vollgeschrieben worden, insbesondere über ihre »Flitterwochen«. Begeisterte Wagnerianer haben mit Lob für den großherzigen Herrscher, dem Wagner die Unsterblichkeit verdankte, nie gespart. Vielleicht liegt darin eine gewisse Dosis Übertreibung. Früher oder später bestätigt sich ein Genie auf die eine oder andere Weise; denkt man allein an Komponisten, so haben Mozart und Beethoven in Armut dahinvegetiert, wurden von ihren Zeitgenossen verkannt und haben schließlich doch die ganze Menschheit erobert. Ludwig II. ist nicht der einzige Mäzen der Geschichte. Wenn auch niemand sein Verdienst darin bestreiten will, daß er Wagner zu Hilfe kam, so darf man doch fragen, ob es wirklich unumgänglich notwendig war, Wagner einen fast unbeschränkten Kredit zur Verfügung zu stellen, damit er sich von prunkvollen Möbeln umgeben und allen seinen Launen freien Lauf lassen konnte.

Die Bürger Münchens hegten diesbezüglich ernstliche Zweifel. Wagner war für sie ein »Zugereister«, noch dazu ein Ketzer, der den König verführte und öffentliche Gelder in einem schwelgerischen Leben verschwendete, sich in Samt und Seide kleidete, die Wände seiner Wohnung mit kostbaren Stoffen bespannte, in königlichen Equipagen spazierenfuhr. Die einflußreichen Kreise wußten bereits, daß sich Wagners Beziehungen zum König nicht auf den musikalischen Bereich beschränkten. Der Revolutionär von 1848 war drauf und dran, auch eine politische Rolle zu spielen. Er war erklärter Parteigänger eines wiedervereinten Deutschland, von dem die bayrischen Separatisten noch nichts hören wollten. Er schrieb seinem Freund, dem berühmten Pädagogen Fröbel, das Ideal seiner Kunst sei »mit der Wiedergeburt und Größe Deutschlands eng verknüpft«. Da er Preußen nicht für geeignet hielt, diese Aufgabe zu erfüllen, hoffte er, sein Gönner, Ludwig II., würde die nötigen Eigenschaften entwickeln, um ihn der Kaiserkrone würdig zu machen. Selbst auf diesem Gebiet, das nichts mit Musik zu tun hatte, glaubte er seine Überlegenheit über einen König bestätigen zu können, den er für »völlig unmündig« und »von dem abstoßenden demokratischen Apparat verängstigt« hielt. Er verheimlichte nicht seine Feindschaft gegen den Präsidenten des

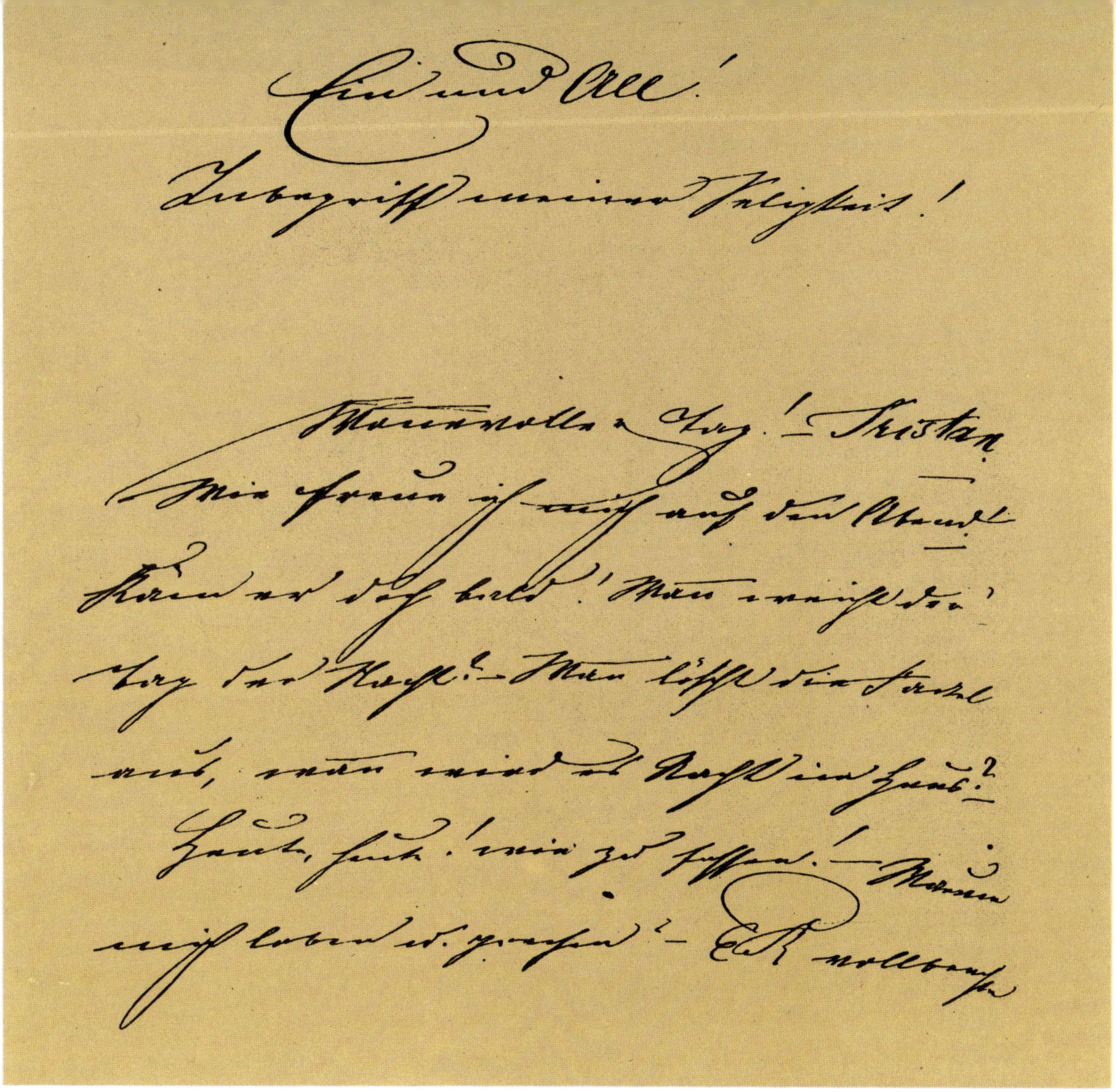
Ein und All!
Inbegriff meiner Seligkeit!

Wonnevoller Tag! – Tristan
Wie freu' ich mich auf den Abend!
Käm' er doch bald! Wann weicht der
Tag der Nacht? – Wann lischt die Fackel
aus, wann wird es Nacht im Haus?
Heute, heute! wie zu hoffen! –

Staatsrats, Pfordten. Beide Männer waren schon zusammengestoßen, als letzterer noch Minister in Sachsen und Wagner Orchesterchef in Dresden gewesen war. Kabinettchef Pfistermeister erschien dem Komponisten als ein weiteres Hindernis auf dem Weg zur absoluten Vertrautheit mit dem Herrscher; es kam also darauf an, ihn zu eliminieren.

Die Zeitgenossen waren nicht genügend über den eigentümlichen, krankhaften Charakter der Beziehungen zwischen dem jungen Monarchen und dem Schöpfer der »Musik der Zukunft« unterrichtet. Die Nachwelt kann sie weitgehend an Hand der Veröffentlichung ihrer mehrere dicke Bände umfassenden Korrespondenz sowie der Handlungen Ludwigs II. in seinen späteren Jahren beurteilen. Hat der König eigentlich je die Musik Wagners verstanden? Hat er sich nicht vielmehr, soweit es Wagners Opern betrifft, für die alten Sagen, die Inszenierung, die Ausstattung, das Erscheinen mythischer, seinem Herzen so teurer Gestalten auf der Bühne interessiert?

In der Schwärmerei Ludwigs II. für Wagner steckte sicherlich ein guter Schuß jener romantischen Sentimentalität, die das Deutsche mit dem unübersetzbaren Wort »Schwärmerei« bezeichnet, ein aufrichtiger Drang zur Schönheit, zu den Höhen der Kunst. Das genügt jedoch nicht zur Erklärung des schwülstigen Tons der Briefe, die echte Liebesleidenschaft atmen. Für Ludwig war Wagner »der Einzige, Alles« geworden. »Für Dich leben«, schrieb er ihm, »nur für Dich leben. Die Menschen kennen unsere Liebe nicht: sie wissen nicht, was du bist und was du bis zu meinem Tod immer bleiben wirst. Sie wissen nicht, daß ich Dich schon geliebt habe, bevor ich dich erblickte.«

Der Monarch und die ungarische Künstlerin Lila von Bulyowsky, die Ludwig tief beeindruckte. — »Dennoch hat es eine Frau gegeben, für die Ludwig II. ein aufrichtiges und dauerhaftes Interesse hegte: seine Kusine Elisabeth von Österreich, die ‚einsame Kaiserin'«. (Rechts, von Winterhalter).

DER »JUNGFRÄULICHE KÖNIG«

Alles wird klar, wenn man erfährt, daß Ludwig noch nie etwas mit einer Frau zu tun hatte und auch nie etwas zu tun haben wird. Die bayrischen Historiker haben sich in ihrer Mehrzahl bemüht, schamhaft einen Schleier über die abnormalen Neigungen ihres Herrschers zu breiten, und die Massen waren durchaus bereit, die Legende vom »jungfräulichen König« hinzunehmen. Ohne in Alkovengeheimnisse eindringen zu wollen, dürfte wohl kaum zu bestreiten sein, daß Ludwig II. den vollkommenen Typ des Homosexuellen darstellte. Die Homosexualität muß sich nicht unbedingt in sogenannten »widernatürlichen« Handlungen bestätigen. Sie äußert sich in einer Abneigung gegen jeden Kontakt mit dem weiblichen Geschlecht und in leidenschaftlichen Gefühlsausbrüchen Männern gegenüber.

Seit Ludwigs II. Thronbesteigung waren ihm die Herzen aller jungen Münchnerinnen entgegengeflogen. Entgegenkommende Mütter versuchten, ihre Töchter in das Innere des Palastes zu bringen, und bestachen die Angestellten, damit sie die Aufmerksamkeit des jungen Herrschers auf ihre Töchter lenkten; der König ließ sie rücksichtslos verjagen. Einmal ließ sich eine junge, in die Residenz eingeladene Schauspielerin wie zufällig vor den Augen Ludwigs in das Wasser einer künstlichen Grotte fallen, in der Hoffnung, er würde ihr zu Hilfe eilen: Ludwig rief seine Lakaien herbei und sagte zu ihnen: »Laßt die Dame abtrocknen.« Einer anderen, sehr begabten Künstlerin, Lila von Bulyowsky, einer üppigen und sehr intriganten Ungarin voll Temperament, gelang es, mit ihrer Darstellung der Maria Stuart einen tiefen Eindruck auf den König zu machen. Sie wurde mehrmals auf sein Schloß Hohenschwangau eingeladen und ließ sich, am Rand eines Kanapees sitzend, angeblich von ihm erzählen, daß er noch nie eine Frau besessen habe. Ja, sie behauptete sogar, sie sei geflohen, als sich der König über ihre Schulter gebeugt habe. Es deutet jedoch alles darauf hin, daß eher das Gegenteil der Fall war. Als der König erfuhr, daß die ehrgeizige Schauspielerin seinen Namen benützte, um sich die Hauptrollen zuteilen zu lassen, ließ er sie innerhalb von vierundzwanzig Stunden aus München ausweisen.

Dennoch hat es eine Frau gegeben, für die Ludwig II. ein aufrichtiges und dauerhaftes Interesse hegte: seine Kusine Elisabeth von Österreich, die »einsame Kaiserin«. Ihrethalben verspätete er sich 1864, kurz nach der ersten Begegnung mit Wagner, in Kissingen, wohin er sich zur Begrüßung der Zarin Marie von Rußland begeben hatte. Die Münchner behaupteten

sehr zu Unrecht, er beabsichtige, die Tochter des Zaren zu heiraten; ein höchst albernes Gerücht, da die kleine Großherzogin erst im zwölften Lebensjahr stand. In Wirklichkeit war Ludwig dem Zauber Elisabeths verfallen, einer schwärmerischen, phantasievollen, von der Bürde der Krone ermüdeten Frau, die alle Eigenschaften besaß, um Ludwigs Vertraute zu werden. Aber auch in diesem Fall konnte es sich nur um eine völlig platonische Freundschaft handeln, die auf der Vorliebe beider für die Einsamkeit beruhte.

DER FALL WAGNER

Der Fall Wagner ist schwerer zu erklären. Ein leidenschaftlich Liebender, hat Wagner die Frauen in seinem ganzen Leben bis in sein Greisenalter hinein eine vorherrschende Rolle spielen lassen. Wieso hat er sich in dieses gefährliche Spiel mit Ludwig von Bayern eingelassen? Wie konnte er ihm schreiben: »Mein König, mein höchstes Glück ... Mein liebes hohes Wesen ... Mein höchster Trost ... Schöner Stern meines Lebens ... Hoher Engel ... Mein schönster einzigster Ludwig ... Wundervoller König ... Teures gottgesandtes Wesen ... Liebstes, Höchstes, Schönstes meines Lebens ... Mein heiliger Parsifal ... Mein Erlöser ... Mein Vollender ... «? Wie konnte er in einem seiner Briefe an Frau Wille folgendes erstaunliche Geständnis machen: »Ob ich dem Weiblichen ganz werde entsagen können? Mit einem tiefen Seufzer sage ich, daß ich es fast wünschen müßte. Ein Blick auf sein liebes Bild hilft wieder! Ah, dieser liebliche Junge! Nun ist er mir doch alles, Welt, Weib und Kind!«
Natürlich ließ sich die Dichterseele Wagners zu Übertreibungen hinreißen: die von ihm selbst verfaßten Texte seiner Opern tragen alle das Merkmal eines bombastischen Stils. Dennoch wird man zweifeln dürfen, ob seine Gefühle völlig aufrichtig waren. Sicher mußte er seinem Wohltäter gegenüber eine ungeheuere Dankbarkeit empfinden. Schrieb er doch einige Jahre später, ohne Ludwig wären seine »Nibelungen« unvollendet geblieben; hätte ihm der König nicht den ganzen Existenzkampf erspart, dann hätte er, Wagner, die Ausführung eines derart riesigen Planes nie in Angriff nehmen können. Die Freundschaft des Königs stellte für ihn aber auch ganz offenkundig einen direkten Vorteil dar. Als Künstler hatte Wagner nicht die geringste Ahnung vom Wert des Geldes; er hatte nicht die Zeit, sich damit zu befassen. Nunmehr war er ein reicher Mann geworden. Als ihn Pfistermeister zum König holte und er bettelarm war, stieg er ohne zu zögern in einen Wagen erster Klasse; seither schreckte er vor keiner luxuriösen Ausgabe zurück. Lag nicht schon darin genügend Grund, in seinem Briefwechsel alle Superlative zu benützen, die man von ihm erwartete?

Man kann nicht umhin zu bemerken, daß die ersten Mißverständnisse zwischen dem Komponisten und dem König wegen einer finanziellen Frage entstanden, und zwar handelte es sich um die Bezahlung eines ungeheuerlichen Preises für ein Porträt Wagners, das dieser bestellt hatte. Ludwig war allerdings großzügig genug, um sich nicht bei solchen Anwandlungen aufzuhalten. Anders jedoch verhielt es sich bei den Ministern, den Hütern der öffentlichen Mittel. Nachdem sie vergeblich eine heimliche Verständigung mit dem verschwenderischen Günstling zu erzielen gesucht hatten, bockten sie, als er eine Vergrößerung des Orchesters und die Errichtung einer Musikschule verlangte. Sie zeigten sich empört, als ihm der König eine neue Anleihe von vierzigtausend Gulden zugestand und die Bezahlung in

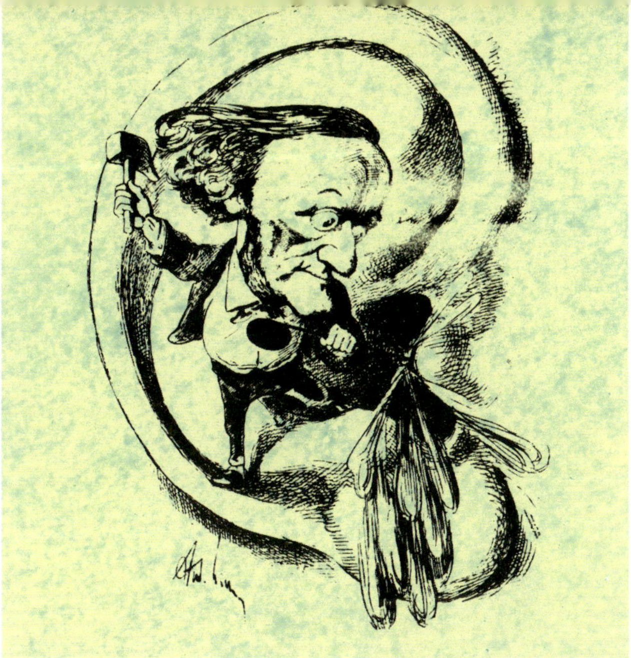

Das Zimmer Ludwigs II. auf Hohenschwangau.
Eine französische Karikatur Wagners: er zerschmettert die Ohren.

Silberstücken erfolgte; der schönen Cosima Bülow, die Sekretärin des Meisters geworden war, blieb es überlassen, die Säcke fortzuschaffen. Die Gereiztheit nahm auf beiden Seiten zu. Im November 1865 beging Wagner eine ernste Unvorsichtigkeit, als er in der Presse einen Angriff gegen die Regierungskreise erscheinen ließ. Die Presse schlug zurück und verstieg sich zu heftigen Schmähreden gegen den ehemaligen Revolutionär, den Volksverführer, den Ausbeuter des Staatsschatzes, der als die Reinkarnation der Lola Montez den Spitznamen »Lolus« erhielt. Die Königinmutter und der Erzbischof von München schlossen sich der Kampagne an. Die öffentliche Meinung zeigte sich feindseliger denn je, und man munkelte bereits wieder von einem Volksaufstand.
Im Dezember 1865 sieht sich der Präsident des Rates gezwungen, seinem Herrscher zu schreiben: »Ew. Majestät haben zu wählen zwischen der Liebe und dem Glück Ihres Volkes und der Freundschaft des von allen Guten verachteten Wagner.« Es seien nicht allein der Adel und die Geistlichkeit, die so dächten, sondern auch die Bürger und die Arbeiter, die ihr Brot im Schweiß ihres Angesichts verdienten, während sich die »hochfahrenden Fremden« in der königlichen Großmut sonnten und »in der Verkleidung des Dankes das bayrische Volk beleidigen«.
Bis ins Herz getroffen, beugt sich Ludwig. Er schreibt seinem Kabinettchef: »Ich will meinem treuen Volk zeigen, daß ich sein Vertrauen und seine Liebe über alles stelle. Der Entschluß ist mir nicht leicht gefallen, aber ich füge mich.« Blaß und besiegt klettert Wagner am 10. Dezember 1865 in den Zug, der ihn, von Cosima begleitet, in die Schweiz bringt.
Im Augenblick hält Ludwig II. die Trennung von dem »Geliebten« für eine vorübergehende Episode, und er braucht einige Zeit, um zu begreifen, daß die Minister von einer Rückkehr Wagners nichts hören wollen. Zu seinem Trost unternimmt er im folgenden Frühling eine Reise nach Triebschen am Luzerner See, wo sich Wagner und Cosima niedergelassen haben. Zum erstenmal steht Ludwig Aug in Aug vor Frau von Bülow, dieser seltsamen, starken, hochgewachsenen Frau mit dem dichten Blondhaar, undurchschaubar in ihren Absichten, die Ludwig noch immer für die keusche Mitarbeiterin des großen Mannes hält.
Schon vor seiner Abreise hatte er Wagner geschrieben und telegraphiert: »Ich liebe nicht die Frauen, ich liebe nicht meine Verwandten, Sie sind es, den ich liebe.« (21. April 1866) »Der ›politische‹ Horizont verdüstert sich ... Ich bitte, mir zu antworten: Wenn es der Wunsch und Wille des Geliebten ist, werde ich mit Freude auf Krone und königlichen Prunk verzichten.« In Triebschen kommt er wieder auf diesen Plan einer Abdankung zurück; auch er wird sich in die Schweiz zurückziehen. Sein Bruder Otto, großjährig geworden, könnte ihn leicht ersetzen. Nach zwei Tagen reist er ab, ohne einen Entschluß gefaßt zu haben. Erst

Wagners Haus in Triebschen am Luzerner See. Ein Bühnenbild der Meistersinger von Nürnberg. Cosima, Tochter von Liszt und Frau Hans von Bülows, die ihr Schicksal mit dem Wagners vereinte. Eine Karikatur des Komponisten auf der Titelseite eines Münchner Magazins. Folgende Seiten: Abschiedsbrief Ludwigs an Wagner.

zwei Monate später steht er von seinem Plan ab, nachdem er von Wagner einen sehr hochtrabenden, möglicherweise von Cosima inspirierten Brief erhalten hat.

Die Romanze endete erst zwei Jahre später, 1867, als Gesellschaftsklatsch und hinterlistige Beschuldigungen Ludwig schließlich doch die Augen öffnen. Noch immer in seinen Abgott verliebt, hatte er bis dahin hartnäckig an die Reinheit der Beziehungen zwischen Wagner und Cosima geglaubt. Außer dem König und Bülow, dem Gatten, der nichts sehen wollte, wußte alle Welt, daß ihre Verbindung auf Dauer und endgültig war. »Ich kann nicht, ich will nicht glauben«, rief Ludwig aus, »daß ihre Beziehungen die Grenzen der Freundschaft überschritten.« Einem Vertrauten schrieb er: »Falls die traurigen Gerüchte wahr wären, wenn es sich wirklich um einen Ehebruch handelte – dann wehe, wehe . . .« Von nun an war kein Zweifel mehr möglich, und die Leidenschaft verlosch ebenso schnell, wie sie sich entzündet hatte. Dennoch muß man zur Ehre Ludwigs von Bayern anerkennen, daß er auch weiterhin den Erfolg der Wagnerschen Werke wünschte und ihn durch alle möglichen Mittel förderte. »Schon als Knabe«, liest man in einem seiner Briefe, »sagte ich, daß ich lange genug leben wolle, um die Nibelungen zu hören, und dann zu sterben.« Er mußte lange Jahre warten, bis er seinen Wunsch erfüllt sah. Im Juni 1868 ließ er Wagner nach München zurückkommen, damit dieser in der königlichen Loge der Erstaufführung der »Meistersinger« beiwohne. Von seinen Ministern daran gehindert, seinen Traum zu verwirklichen und ein neues großes Theater in der Hauptstadt zu errichten, trug er statt dessen kräftig zur Finanzierung des Bayreuther Festspielhauses bei, in dem »Siegfried« und »Götterdämmerung« ihren ersten triumphalen Erfolg im Juni bzw. September 1878 feierten. Und München sicherte Ludwig den Ruhm, den »Ring des Nibelungen« im November zur Gänze aufgeführt zu haben.

Münchener

PUNSCH.

Ein humoristisches Originalblatt von M. E. Schleich.

Zwanzigster Band.

Nro. 11. Halbjähriger Abonnementspreis: in Bayern 1 fl. Im Ausland erfolgen die üblichen Postaufschläge. 17. März 1867.

Nur ein vorübergehender Besuch.

Ludwig

Mein theurer, innig geliebter Freund!

Worte können den Schmerz nicht schildern, der Mir das Innere zerwühlt. — Was nur irgend möglich soll geschehen, um Verläumdungen, unwahre Zeitungsberichte zu widerlegen; daß es bis dahin kommen mußte!

Unsere Ideale sollen treu gepflegt werden, dieß braucht ich Ihnen kaum erst zu versichern. — Schreiben Sie Mir recht oft u. viel, ich bitte darum. — Wir kennen Uns, jetzt Wir wollen

werden den Freundschaftsbund halten,
die Uns verbindet! — Um Ihrer
Ruhe willen, mußte ich so handeln.
Verkennen Sie mich nicht, selbst nicht
auf einen Augenblick, es wäre Höllen-
qual für mich. — Heil dem geliebten
Freunde! Gedeihen seinem Schaffen
herzlichsten Gruß aus ganzer Seele
von
Ihrem
treuen Ludwig

am 8. Dec.
1865.—

König Ludwig II. in Uniform. »Als der romantische Adonis, der er war, hatte Ludwig II. nichts Soldatisches an sich.« Rechts das Königswappen.

KRIEG GEGEN PREUSSEN

Die Aussöhnung mit Wagner war erst einer fernen Zukunft vorbehalten. Im Augenblick herrschte schlechte Laune bei den Münchnern, die fassungslos über das neue Zeichen der Freundschaft waren, das der König dem Komponisten gewährt hatte, indem er sich zu ihm in die Schweiz begab. Fürst von Hohenlohe merkte am 31. Mai 1866 bei der Rückkehr des Herrschers an: »Der König hat sich unter den Münchner Bürgern durch seine Reise nach der Schweiz sehr geschadet. Man soll ihm öffentlich auf der Straße Schimpfworte nachgerufen haben; bei der Fahrt nach der Kirche am Eröffnungstag des Landtages ist er vom Publikum nicht behurrat worden und man hat ihn kaum gegrüßt . . . « Diese feindselige Haltung war völlig verständlich: Deutschland war soeben in eine größere Krise geraten. Preußen und Österreich beschuldigten einander, gleichermaßen wider besseres Wissen den Gasteiner Vertrag verletzt zu haben, der einige Monate vorher unterzeichnet worden war, um das Schicksal der dänischen Herzogtümer zu regeln. Die Differenzen waren vor den Bundestag in Frankfurt getragen worden, der auf Vorschlag Österreichs ein gemeinsames Vorgehen gegen Preußen (14. Juni 1866) akzeptierte. Der Krieg war unvermeidlich geworden, und Bayern mußte an ihm auf seiten Österreichs teilnehmen, wenn es seinen Bündnisverpflichtungen treu bleiben wollte. Es konnte keine Frage mehr von der Bildung einer »dritten deutschen Kraft« aus den kleinen Südstaaten sein, von der Minister Pfordten weiterhin träumte.

Seit seiner ersten Thronrede hatte der König immer wieder seinen Wunsch unterstrichen, den Frieden um jeden Preis zu erhalten. Sein Wille allein genügte freilich nicht: er sah sich von den Ereignissen überrannt. Der Bayrische Landtag hatte sich bereits im Januar 1866 gegen unehrenhafte Neutralität ausgesprochen. Es blieb dem Monarchen nichts übrig, als den Plan Pfordtens zu billigen, der darin bestand, alle Operationen möglichst langsam durchzuführen und es dem Verbündeten Bayerns und dessen Gegner zu überlassen, sich gegenseitig zu vernichten. Das jedoch hieß, geradewegs in die Katastrophe marschieren.

Am Vorabend der Feindseligkeiten, dem 16. Juni, konnte Hohenlohe schreiben: »Die Bayerische Armee ist in keinem befriedigenden Zustand. Der Prinz Karl als Oberbefehlshaber ist zu alt. Die Offiziere haben kein rechtes Vertrauen in die eigenen Kräfte. Ich glaube nicht, daß wir große Lorbeeren ernten, bei der noch so guten Gesinnung der Mannschaft und trotz der angeborenen Rauflust der Bayern . . . Der König sieht jetzt niemanden. Er wohnt (mit seinem Ordonnanzoffizier) Paul Taxis und dem Reitknecht Völk auf der Roseninsel und läßt Feuerwerke abbrennen. Auch die Reichsräte, welche ihm eine Adresse überbringen wollten, sind nicht empfangen worden, ein Fall, der im konstitutionellen Leben Bayerns unerhört ist.«

Die militärischen Operationen nahmen ihren Auftakt unter Leitung des Generals von der Tann, eines alten, mutigen, jedoch unentschlossenen Soldaten, dessen Erscheinung an einen Landsknecht des Dreißigjährigen Kriegs erinnert. Da er zwei Wochen Zeit verloren hatte, beschränkte er sich auf Scharmützel und ließ die Preußen den Österreichern die vernichtende Niederlage von Sadowa beibringen.

Am 2. August beendete ein Waffenstillstand die Feindseligkeiten.

Die schlechten Nachrichten erreichten Ludwig II. nacheinander in seiner Zuflucht am Starnberger See. Er gab vor, uninteressiert zu sein: als er einen von seinem Hauptquartier an ihn entsandten Offizier empfängt, hält er sich zurück, ihm auch nur die geringste Frage über die Operationen zu stellen. Dennoch bemächtigen sich seiner Entmutigung, ja sogar Verzweiflung. Am 18. Juli schreibt er an Wagner: »Der Geist der Finsternis herrscht überall. Ich sehe nichts als Lüge und Verrat. Verträge werden gebrochen, Schwüre gelten nicht mehr, aber ich gebe die Hoffnung nicht auf, daß mit Hilfe Gottes die Unabhängigkeit Bayerns erhalten bleibt.« Er kommt wieder auf seinen Plan der Abdankung zurück: »Wenn wir uns der preußischen Vorherrschaft unterwerfen müssen, ziehe ich es vor, zu gehen. Ich will nicht ein aller Macht beraubter Schattenkönig sein.«

Die äußerste Prüfung blieb Ludwig erspart. Durch den Friedensvertrag erleidet sein Königreich lediglich einen unbedeutenden Gebietsverlust und muß eine Kontribution von dreißigtausend Gulden erlegen. Bismarck hält nichts davon, einen Gegner zu demütigen, ohne den die Einheit Deutschlands unmöglich zu erreichen wäre; er gibt sich damit zufrieden, ein geheimes Verteidigungs- und Angriffsbündnis zu unterzeichnen. Ludwig trennt sich von Pfordten, ersetzt ihn durch den preußenfreundlichen Fürsten Hohenlohe und unternimmt eine Reise durch das vom Krieg verwüstete Franken. Einige Jahre bleibt ihm hinfort alle Muße, sich seinen Phantastereien zu widmen.

Oben der Kabinettschef Pfistermeister. Unten Fürst Otto von Bismarck in seinem Arbeitszimmer in Friedrichsruh.

Der junge Herrscher umgeben von seinem Generalstab (hinter ihm Prinz Otto; unten ein Ausschnitt); rechts, in der zweiten Reihe, ihr Onkel, Prinz Luitpold. Der König zu Pferd auf einem bürgerlichen Wandschmuck.

Oben zwei Zeichnungen von Ludwig II.: ein Schwan und das Schloß Hohenschwangau. Rechts die schöne Elisabeth von Österreich, die berühmte »Sissi«, die Ludwig so nahestand . . .

PLÖTZLICHE ENTSCHEIDUNG

Einen Tag nach Kriegsausbruch 1868 faßt Ludwig II. einen verwirrenden und für alle, die ihn kennen, völlig unerwarteten Entschluß. Enttäuscht durch den »Verrat« Wagners, enttäuscht durch den Fehlschlag seiner Politiker und seiner Armee verkündet der »jungfräuliche König« plötzlich seine Verlobung mit einer Kusine, der Prinzessin Sophie, Tochter des Herzogs Max von Bayern und Schwester Elisabeths von Österreich. Sophie ist zwar nicht so schön wie diese, aber auch hochgewachsen, hat ein bezauberndes Gesicht und den großen Vorzug, sich für Wagner zu interessieren; auch ihr Vater war einer der ersten gewesen, »Tannhäuser« seinem wahren Wert nach zu erkennen. Der König benannte Sophie »Elsa«. Er hatte schon seinem Bruder gestanden, daß sie ihm nicht aus dem Kopf gehe und sich eine aufrichtige Freundschaft vielleicht in echte Liebe verwandeln könne. Aber von da bis zu dem entscheidenden Schritt war es noch weit. Erst als Ludwig erfuhr, daß zwei seiner Freunde, der Fürst von Taxis und der Oberstallmeister Graf Holnstein zu heiraten gedachten, rief er vor ihnen aus: »Nun schön, dann tue ich es auch, um euch Gesellschaft zu leisten.«

Am 22. Januar 1867 ließ sich der König nach Schluß eines Hofballs um sechs Uhr morgens bei Sophiens Mutter melden und bat sie flehentlich, sich sofort zu Herzog Maximilian zu begeben und ihn für den König um die Hand seiner Tochter zu bitten. Um sieben Uhr war die Sache beschlossen. Die Königinmutter begab sich sofort persönlich in das herzogliche Palais, wo diese Morgenbesuche das Oberste zuunterst gekehrt hatten. Um neun Uhr wird das Ereignis öffentlich bekanntgemacht. Es ist eine Eile, wie man sie an diesem großen Zauderer noch nie beobachtet hatte, der eine bizarre Wollust daran zu empfinden scheint, sich Hals über Kopf ins Wasser zu stürzen.

Die Münchner jubeln und glauben die Zukunft der Dynastie gesichert. Sie verfallen dem unvergleichlichen Zauber ihrer zukünftigen Königin und meinen, noch nie ein so schönes Paar gesehen zu haben. In den übrigen europäischen Hauptstädten betrachtet man die königliche Idylle mit Sympathie, denn der Ruf Ludwigs II., des Idealisten, Träumers und Künstlers, geht bereits ins Sagenhafte. Kaiserin Eugenie, die ihre Fahrt nach Wien in München unterbricht, um den bezaubernden Fürsten kennenzulernen, küßt ihn auf beide Wangen und stürzt ihn damit in die größte Verwirrung.

»Enttäuscht durch den ,Verrat' Wagners, enttäuscht durch den Fehlschlag seiner Politiker und seiner Armee verkündet der ,jungfräuliche König' plötzlich seine Verlobung mit einer Kusine, der Prinzessin Sophie, Tochter des Herzogs von Bayern und Schwester Elisabeths von Österreich. Doch der König ist kein Bräutigam wie andere.«

KEIN BRÄUTIGAM WIE ANDERE

Am königlichen Hof dauert es jedoch nicht lange, bis man merkt, daß der König kein Bräutigam wie andere ist. Ludwig kann sich nicht in seine neue Rolle finden. Bei einem vom Fürsten Hohenlohe gegebenen Ball geht er auf Bomhard zu und erkundigt sich, wie spät es sei, und weiter, ob er wohl noch vor Ende des Stückes – eines Dramas von Schiller – ins Theater kommen werde. Daraufhin verschwindet er zum allgemeinen Erstaunen und läßt die schöne Sophie im Stich. Als es Frühling wird und die beiden Verlobten an den Ufern des Starnberger Sees wohnen, verfehlt er freilich nicht, Blumen und kleine Botschaften in das Schloß Possenhofen zu senden; er begibt sich auch häufig hinüber, manchmal mitten in der Nacht, womit er das ganze Haus weckt. Aber sowie er vor Sophie steht, verbringt er Stunden damit, sie nur anzusehen, von Zeit zu Zeit über ihre schönen Augen zu sprechen, ohne jedoch die kleinste zärtliche Geste zu wagen. Und als sie sich nach einigen Monaten entschließt, ihn auf den Mund zu küssen, führt das fast den Bruch herbei. Versöhnt, bestellt er Brokatstoffe im Stil Lohengrin für sie. Er läßt sie eine Königskrone probieren, die er der Schatzkammer entliehen hat. Als er geht, bricht Sophie in Schluchzen aus und ruft: »Er liebt mich nicht, er spielt nur mit mir.«

Ludwig brauchte nicht lange, um zu erkennen, daß er überstürzt gehandelt hatte. Seine Umgebung sieht ihn weinen, wenn er von seiner nahen Heirat spricht.

Das hindert ihn jedoch nicht, weiterhin der keusche Bewunderer der Kaiserin Elisabeth, der Schwester seiner Braut, zu bleiben. Er begleitet sie im Zug, als sie sich in den Kurort Ischl begibt, und schreibt ihr nach seiner Rückkehr mit gewohnter Überschwenglichkeit: »Du machst Dir keinen Begriff, liebe Cousine«, schreibt er, »wie glücklich mich das gemacht hat. Die neulich im Waggon zugebrachten Stunden rechne ich zu den glücklichsten meines Lebens, niemals wird die Erinnerung daran verlöschen. Du hast mir die Erlaubnis gegeben, Dich in Ischl zu besuchen; wenn wirklich die für mich so glückliche Zeit naht, in welcher die Hoffnung in Erfüllung geht, dich dort sehen zu dürfen, dann bin ich der seligste von allen Menschen auf Erden. Das Gefühl der aufrichtigsten Liebe und Verehrung und der treuesten Anhänglichkeit, das ich, schon als ich noch im Knabenalter war, für Dich im Herzen trug, es macht mich den Himmel auf Erden wähnen und wird nur mit dem Tode verlöschen. Aus ganzem Herzen bitte ich, vergib mir den Inhalt dieser Zeilen, aber ich konnte nicht anders . . .

Während sich diese kleinen Familienhändel abspielten, bereitete sich ganz Bayern fieberhaft auf die bevorstehenden Hochzeitsfeierlichkeiten vor, die für den 12. Oktober angesetzt waren.

DER BRUCH

Da verbreiteten sich plötzlich seltsame Gerüchte: Der König gedenke sich von der Verlobung zurückzuziehen. Unfähig, auf seine Einsamkeit, seine Phantasien zu verzichten, sucht er das Datum der Hochzeit hinauszuschieben. Die Situation wird derart peinlich, daß Herzog Max sich gezwungen glaubt, einschreiten zu müssen. Er schreibt dem König, die fortgesetzten Verschiebungen und das sich daraus ergebende Geschwätz dünkten ihn mit der Ehre seines Hauses und der Würde seiner Tochter nicht vereinbar. Falls demnach die Hochzeit nicht am 28. November stattfände, würde Prinzessin Sophie ihr Wort zurückgeben. Vier Tage später erhält Sophie die folgende Botschaft: »Geliebte Elsa! Dein grausamer Vater reißt uns auseinander und deine Verwandten wünschen unsere Verlobung zu brechen, ich nehme ihren Vorschlag an ... Ewig Dein Heinrich (ein weiterer, den Wagneropern entnommener Name).«
Es heißt, Ludwig II. habe bei Erhalt des Briefs seines zukünftigen Schwiegervaters einen fürchterlichen Wutausbruch erlitten und gerufen: »Der Herzog ist mein Untertan. So schreibt man nicht seinem Souverän!« Er soll auf der Stelle alle Andenken an seine Verlobte verbrannt und sogar ihre Büste und ihre Porträts aus dem Fenster geworfen haben. Sein Tagebuch, das uns erhalten geblieben ist, trägt mit Datum vom 7. Oktober 1867 folgende Eintragung: »Sophie abgeschrieben. Das düstere Bild verweht, Freiheit verlangte ich, nach Freiheit dürstet mich, nach Überleben von qualvollem Alp.« Und unter dem für die Hochzeit vorgesehenen Datum: »Gott sei gedankt, nicht ging das Entsetzliche in Erfüllung! (Mein Hochzeitstag sollte heute sein.)«
Man kann sich die empörte Überraschung über die königliche Entscheidung in München vorstellen, wo man anläßlich der Hochzeit große Freudenfeste erwartet und für den Tag der Zeremonie die Hochzeit von eintausend armen Brautpaaren vorbereitet hatte. Die Erbitterung wurde von sämtlichen Wittelsbachern und allen Habsburgern geteilt. Kaiserin Elisabeth schrieb ihrer Mutter: »Wie sehr ich über den König empört bin und der Kaiser auch, kannst Du Dir vorstellen. Es gibt keinen Ausdruck für ein solches Benehmen. Ich be-

Ludwig und Prinzessin Sophie. Die Prinzessin einige Jahre später mit ihren Hunden. Von Ludwig verlassen, heiratete sie 1868 einen Enkel des Königs Louis-Philippe, den Herzog Ferdinand d'Aleçon und fand ein tragisches Ende beim Brand des Bazar de la Charité (unten).

greife nur nicht, wie er sich wieder kann sehen lassen in München, nach allem was vorgefallen. Ich bin nur froh, daß Sophie es so nimmt, glücklich hätte sie weiß Gott mit so einem Mann nicht werden können; nun wünsche ich ihr aber doppelt endlich einmal einen guten, wer wird das aber sein? . . . « Die Kaiserin brauche sich um die verlassene Braut keine Sorgen zu machen, trotz des boshaften, von den Parteigängern Ludwigs II. verbreiteten Geredes. Hatte man nicht sogar behauptet, Sophie habe sich in eine Liebelei mit dem Hofphotographen eingelassen? Die Prinzessin war zu schön und zu rein, um nicht einen neuen Anwärter auf ihre Hand zu finden. Im September 1868 heiratete sie einen Enkel des Königs Louis-Philippe, den Herzog Ferdinand d'Alençon. Und wenn sie auch ein tragisches Ende fand, so ist zumindest dafür Ludwig nicht verantwortlich: sie sollte in Paris beim Brand des Bazar de la Charité in den Flammen zugrunde gehen, weil sie befohlen hatte: »Rettet zuerst die jungen Mädchen.«

Der junge Monarch legt mit seinem Schiff *Tristan* bei Schloß Berg an.

»Der neue Richard, ein Mann aus dem Volk mit dem klassischen Gesicht eines Antinous, einem prächtigen schwarzen Bart und einer sportlichen Figur . . .«. Foto von Richard Hornig. Rechts ein Reiterbild des einundzwanzigjährigen Ludwigs II. von F. Dietz.

EIN NEUER RICHARD

Was wird der junge König nach gelöster Verlobung anfangen? Er wird auf dem Thron bleiben, dem wilden Hippolyt ähnlich, jenem Siegfried der Wagnerschen Mythologie ähnlich, der, nachdem er allen Gefahren getrotzt hat, »die Angst kennenlernt«, als er die Walküre Brünhilde entdeckt. Er wird nie eine Gattin, nie eine Mätresse haben, sondern seinen abnormalen Neigungen immer stärker freien Lauf lassen.

Schon im Mai 1867, noch während seiner Verlobungszeit, begegnete er einem Mann aus dem Volk mit dem klassischen Gesicht eines Antinous, einem prächtigen schwarzen Bart und einer sportlichen Figur. Er hieß Richard Horning und war Stallmeister in den königlichen Stallungen. Redegewandt, nicht ungebildet, wurde er bald zum ständigen Gefährten des Königs auf dessen Ausflügen. In den folgenden Jahren wurde die Vertrautheit immer größer. Der König ließ ihm neben seiner Sommerresidenz eine schöne Villa mit vierzehn Zimmern in einem großen Garten errichten. Er besuchte seinen neuen Freund häufig und zeigte sich nicht einmal auf dessen Gattin eifersüchtig, denn Richard führte auch weiterhin ein ruhiges Familienleben. Ludwig kannte Hornings Ergebenheit und konnte sich klar sein, daß dieser die Lage nie ausnützen würde.

Fand er wenigstens neben diesem neuen seltsamen Freund die intime Befriedigung, die ein Alkibiades und so mancher andere Jüngling des antiken Griechenland in einem solchen Freundschaftsbund gefunden hatten? Die Antwort kann nur nein lauten. Nach den strengen Grundsätzen der katholischen Kirche erzogen, sich zutiefst seiner königlichen Würde bewußt, war Ludwig voller Gewissensqualen. Er war sich klar über alles, was seine Beziehungen zu Horning (und zu den anderen, die Horning folgen sollten) an Erniedrigendem enthielten. Die der Öffentlichkeit zugänglichen paar Blätter seines geheimen Tagebuchs zeugen für einen schrecklichen inneren Kampf. Sie geben Kenntnis von der Reue, der Angst, rückfällig zu werden, von der Unfähigkeit, die abnormalen Neigungen zu unterdrücken, von der Anrufung erhabener Schatten, auf daß die ihm zu Hilfe kämen.

1868 unternimmt Ludwig eine kurze Reise nach Paris, um die Weltausstellung zu besuchen (oben). Er wird von Napoleon II. (unten) in Compiègne (unten) empfangen. Er begeistert sich am Trianon (rechts der Weiler der Königin und das Große Trianon in Versailles). »Er beschließt, sich sein eigenes Trianon zu erbauen.«

Im Jahre 1868 glaubt Ludwig eine Ablenkung in der Erbauung eines neuen Schlosses finden zu können. Ein Jahr zuvor, noch als Verlobter, hatte er sich unter dem Vorwand, sich die Weltausstellung ansehen zu wollen, kurz in Paris aufgehalten. Napoleon III. hatte ihn in Compiègne empfangen, er hatte den Louvre und die Tuilerien bewundert und sich an Trianon begeistert. Nunmehr beschließt er, sich sein eigenes Trianon zu erbauen. Eine Studienkommission wird nach Versailles entsandt, um Plan und Ausstattung des Wohnsitzes der Marie Antionette in der Gesamtanlage und den Einzelheiten aufzunehmen. Im Farndickicht eines bayrischen Waldes ist bereits ein Heer von Maurern und Zimmerleuten damit beschäftigt, unter persönlicher Aufsicht des Königs Schloß Linderhof erstehen zu lassen.

Schloß Linderhof. Das »Trianon« Ludwigs II. »Der Gedanke Ludwigs II. ist, die Umwelt der Könige Frankreichs zu rekonstruieren.«

Der Gedanke Ludwigs II. dabei ist, die Umwelt der Könige Frankreichs zu rekonstruieren. Selbst der deutsche Name »Linderhof« klingt seinem Ohr übel: der neue Wohnsitz soll den seltsamen Namen »Meicost Ettal« tragen; schließlich entdecken die verwirrten Höflinge, daß es sich um ein Anagramm handelt; stellt man die Buchstaben um, bedeutet es »L'Etat, c'est moi« – Der Staat bin ich. Die Innenausstattung mit ihren Vergoldungen, ihrem Marmor, den Lüstern, den Bronzestatuetten und Porzellanen sollte die ganze Pracht des Ancien Régime heraufbeschwören. Die Kamine des Spiegelsaals sind aus Lapislazuli, alle Möbel aus Rosenholz und mit Seide tapeziert. An den Fenstern hängen schwere Gardinen; auf dem Baldachin des Prunkbettes räkeln sich trompetenblasende Amoretten. Neben den Kerzenleuchtern und der Schreibutensilien aus Malachit erheben sich Straußenfederbüsche über den Schreibtisch. In dem Park mit seinen Terrassen, Blumenbeeten und Fontänen läßt Ludwig eine »blaue Grotte« errichten und mit einem Gemälde schmücken, das Tannhäuser bei Venus darstellt; in dem unterirdischen Teich kann man baden, ein mit vergoldeten Muscheln bedecktes Boot steht bereit, mit dem man in wechselnder Beleuchtung Kahn fahren kann. Einen »maurischen Kiosk« mit Glasmalereien und Wänden und Möbeln aus Perlmutt, Teppichen, Wasserpfeifen hatte Ludwig auf der Pariser Weltausstellung erstanden. Ein anderes kleines Bauwerk ist die sogenannte »Hundinghütte«, ein Blockhaus, das die Welt der Walküren heraufbeschwören soll. Sie ist mit Tierfellen, Auerochsschädeln und Trinkhörnern auf derben Holztischen ausgestattet.
Von allen diesen Bauten ist die »blaue Grotte«, nach der von Capri ersonnen, mit ihren künstlichen Stalaktiten und beleuchteten Wasserfällen vielleicht das Gelungenstene. Das Schloß selbst kann einen Kenner nicht befriedigen. Ludwig II. ist kein echter Künstler. Die Malerei ist ihm gleichgültig, er besucht keine Ausstellungen und hat die Pinakothek, Ruhm seines Hauses, nie betreten. Den von ihm beschäftigten fünfzig Malern gelingt es nur, die Einzelheiten der Fahnen äußerst genau und einige gute Farbwirkungen zustande zu bringen. Die ganze Reihe der blauen, gelben und malvenfarbenen Salons, der Audienzsäle und Speisezimmer, alle Bronzen, Samtbehänge und Lilienmotive sind nichts als ein Schmuck in zweitklassigem Rokokostil. Ludwig jedoch ist entzückt: Er wird aus Linderhof einen seiner Lieblingssitze machen, während er schon an andere, größere Bauten denkt.

Die Gärten von Schloß Linderhof. Oben der Maurische Kiosk und ein orientalischer Leuchter in diesem Pavillon.

»Die Innenausstattung sollte die ganze Pracht des Ancien Régime heraufbeschwören.« »Ludwig läßt eine ‚blaue Grotte' errichten und mit einem Gemälde schmücken, das Tannhäuser bei Venus darstellt; in dem unterirdischen Teich kann man baden, ein mit vergoldeten Muscheln bedecktes Boot steht bereit, mit dem man in wechselnder Beleuchtung Kahn fahren kann.«

Linderhof. Die blaue Grotte . . . in rotem Licht. Erster Entwurf für das muschelförmige Boot. Rechts zwei Säle (unten das Gobelinzimmer). Folgende Seiten: Ein Boudoir und ein Audienzzimmer.

Links München zu Beginn des Jahrhunderts. Oben das Arbeitszimmer Ludwigs II. in der Residenz.

DIE EINIGUNG DEUTSCHLANDS WIRD AKTUELL

Wieder einmal verdüstert sich der politische Horizont Europas, und andere Sorgen beanspruchen die Aufmerksamkeit Ludwigs von Bayern. Wieder einmal erwecken die kühnen Pläne Bismarcks allgemeine Unruhe. Nach dem Sieg 1866 erlitt der Staatsmann, den man seinerzeit so oft als »Bonapartisten« bezeichnete, einen schweren seelischen Schock. Mehr Diplomat als Krieger, ein Verehrer der Kaiserin Eugenie, verliebt in die baskische Küste, trat Bismarck am Anfang seiner politischen Laufbahn oft für eine Annäherung zwischen Preußen und Frankreich ein. Als er es jedoch erlebte, daß Benedetti als Abgesandter des französischen Kaisers im Hauptquartier Wilhelms I. erschien, ein ihm vorgeschlagenes Bündnis ablehnte und durch seine Intervention die Handlungsfreiheit Preußens behinderte, mußte sich Bismarck sagen, daß sich eine endgültige deutsche Einheit nicht ohne ein bewaffnetes Treffen mit Frankreich bewerkstelligen lassen würde. »Daß ein französischer Krieg auf den östreichischen folgen werde, lag in der historischen Consequenz . . . Es war mir schon damals nicht zweifelhaft, daß wir die Errungenschaften des Feldzugs zu vertheidigen haben würden, wie Friedrich der Große die Ergebnisse seiner beiden ersten schlesischen Kriege in dem schärfern Feuer des siebenjährigen.« Ein Sieger, sagte er bei anderer Gelegenheit, mag sich der Notwendigkeit beugen, werde aber niemals jenem verzeihen, der ihn zum Rückzug gezwungen habe.

Als Napoleon III. die Mainlinie als Grenze des Süddeutschen Bundes gegen Preußen zur Bedingung machte, hatte er Bismarck damit, wie dieser meinte, seine wahren Absichten enthüllt: Frankreich würde es Preußen nie erlauben, seine Einflußsphäre auf ganz Deutschland auszubreiten und mitten in Europa ein großes Reich zu errichten. Dann um so schlimmer: »Ludwig wird mir das vergelten . . . «

Fürst von Hohenlohe und Bismarck. Rechts der König bei der Erteilung des Ritterschlags zum Ritter des Heiligen Georg.

In Voraussicht des unvermeidlichen Konflikts ließ es sich Bismarck angelegen sein, in Deutschland eine günstige Stimmung zu schaffen. Der nach 1866 gegründete Norddeutsche Bund war in seinen Augen nur ein Bruchstück: das heimliche Bündnis Preußens mit den drei Südstaaten – Bayern, Württemberg und Baden – stellte in seinen Augen nur die erste Etappe auf dem Weg zu der von ihm erträumten Vereinigung. Es blieb noch ein langer Weg zu gehen, bis das endgültige Ziel erreicht war.

Die öffentliche Meinung in diesen drei Ländern war geteilt. Noch gab es zahlreiche Deutsche, die sich weigerten, sich »in die preußische Knechtschaft zu begeben«. Für ihre Monarchen, die es gewohnt waren, in der Hofburg zu Wien und im Bundestag zu Frankfurt eine Stütze zu haben, war es schmerzlich, die Folgen aus ihrer politischen und militärischen Niederlage ziehen zu müssen und sich von nun an auf die Rolle von Vasallen der Hohenzollern beschränkt zu sehen. Für die Geistlichkeit war es schmerzlich, den Schwerpunkt Deutschlands in ein protestantisches Land verschoben zu wissen. Bei den Volksmassen waren die Preußen an sich verhaßt: hochfahrende Leute, hieß es, Leute, die auf sandigen Ebenen leben, keine Lebensfreude kennen, nichts von Kunst und Wissenschaft verstehen – der ewige Gegensatz zwischen Norden und Süden.

Gerade in Bayern prallten die beiden Tendenzen am heftigsten aufeinander. Zunächst hätte Bismarck vielleicht noch an den friedlichen Anschluß dieser Macht, der wichtigsten Süddeutschlands, glauben können. Schon im August 1866 hatte Fürst von Hohenlohe, Präsident des Staatsrats und glühender Parteigänger der deutschen Einheit, dem bayrischen Parlament dessen Verantwortung vor Augen gestellt: »Wir haben nur eine Wahl«, hatte er gesagt, »entweder (wie zur Zeit des Rheinbundes) uns auf Frankreich zu stützen oder aber den Rückhalt Preußens zu suchen ... Ich muß zur Ehre des Vaterlandes feststellen, daß selbst in den tragischesten Tagen unserer gegenwärtigen Epoche sich kein einziger Anhänger eines französischen Bündnisses gefunden hat.« Es erwies sich jedoch, daß die Majorität des Fürsten Hohenlohe auf unsicheren Beinen stand; 1868 wurde sein Kabinett, das für eine immer engere Annäherung an Berlin eintrat, gestürzt. Sein Nachfolger, Graf Bray, hatte kein klares Programm und zog es vor, die Entwicklung der Dinge abzuwarten.

Oben: der König grüßt den Kaiser und die Kaiserin von Österreich in Bad Kissingen, 1864. Folgende Seiten: Feuerwerk auf Schloß Berg anläßlich des Besuchs der Zarin, 1868.

DIE ROLLE LUDWIGS II.

Welche Haltung konnte König Ludwig II. unter diesen Umständen einnehmen? Es wurde mitunter behauptet, er hätte eine historische Rolle spielen können, wenn er sich an die Spitze der süddeutschen Fürsten gestellt und mit ihnen das Seine zur Errichtung eines Bundes ihrer Staaten beigetragen hätte (wie es übrigens in den Verträgen von 1866 vorgesehen war). Selbst Bismarck widersetzte sich diesem Gedanken nicht direkt. Hatte er doch vor dem Reichstag des Bundes im April 1867 erklärt, von dem Tag an, da es in Deutschland nur noch zwei Nationalparlamente geben würde, sie keine Macht der Erde mehr daran hindern könne, sich zu vereinigen.

Heute wissen wir, wie sehr sich die 1867 formulierten Visionen Bismarcks durch einen übertriebenen Optimismus auszeichneten. Ludwig II., wenigstens einmal Realist, konnte sich keine solchen Illusionen machen.

Auch eine andere Möglichkeit, die sich damals Bayern bot, wurde erwogen: sich mit Württemberg zusammen mit der Unterstützung entweder Frankreichs oder Österreichs auf den Weg einer völlig unabhängigen Politik zu begeben. Aber auch hier zeigten die vom Münchner Kabinett geführten Sondierungsgespräche, daß sich keine der beiden Großmächte den preußischen Ambitionen offen entgegenstellen wollte.

In Paris scheint man die Lage nicht verstanden zu haben. Man wollte sich nicht eingestehen, daß Bayern sich ebenso wie Sachsen und Württemberg dafür entscheiden werde, Schulter an Schulter mit dem Gegner zu marschieren, der ihnen vier Jahre vorher so schmerzliche Niederlagen bereitet hatte.

Dieses ganze Gebäude der Illusionen, das sich auf die Feindschaft des deutschen Südens gegen Preußen gründete, sollte an dem Tag zusammenstürzen, an dem die Emser Depesche und die Kriegserklärung eintraf.

War es Zufall oder Absicht, daß Ludwig II. in den Tagen der entscheidenden Ereignisse unsichtbar blieb? Er hatte zusammen mit den Diplomaten und den Politikern ganz Europas gehofft, daß nach dem Verzicht des Prinzen Anton von Hohenzollern auf den spanischen Thron der Konflikt zwischen Preußen und Frankreich eine friedliche Lösung finden würde. Als sich jedoch das Unvermeidliche begab, verließ er sein Schloß Berg und begab sich ins Gebirge, um in ein Jagdhaus zu flüchten. Als er am 15. Juli 1870 spätabends nach Berg zurückkehrte, empfing er endlich seinen Kabinettchef Eisenhart, der uns einen eingehenden Bericht über das Gespräch hinterlassen hat, in dem der König den Mobilisierungsbefehl geben sollte, den die Regierung nachdrücklich verlangte.

1870. »Ludwig kehrte in seine Hauptstadt zurück. Er ließ sich dort huldigen . . .«. Die Münchner Residenz (zeitgenössische Ansicht) und die dem König zujubelnde Menge.

EINE ENTSCHEIDUNG VON HISTORISCHER TRAGWEITE

Diese historische Entscheidung hat Ludwig II. über Drängen und unter Zwang getroffen. Er wußte, daß es kein Mittel gab, sich den durch das Bündnis mit Preußen eingegangenen Verpflichtungen zu entziehen. Mit seinem Herzen war er jedoch nicht dabei. Das bewies er mit seiner kategorischen Weigerung, nach München zurückzukehren, wo sein Volk den Mobilisierungsbefehl begeistert aufnahm, zur königlichen Residenz strömte und aus voller Kehle in den Straßen »Die Wacht am Rhein« und vor dem Schloß »Des Deutschen Vaterland« singt. Erst zwei Tage später kehrte Ludwig in seine Hauptstadt zurück: Er ließ sich dort huldigen, widmete aber den Abend einer Vorstellung der »Walküre«. Mürrisch empfing er am 27. Juli Kronprinz Friedrich von Preußen, der den Oberbefehl über die Armee übernahm, zu der das bayrische Korps gehören würde, und der sich von der Bevölkerung Münchens bejubeln ließ. »Es war«, erzählt ein Münchner, »als sei ein neuer Barbarossa zu uns gekommen, um uns unter dem Kaiserbanner in den Kampf zu führen.«
Ludwig II., verzerrten Gesichts, teilt diese Schwärmerei durchaus nicht. Sein Gast stellte das sehr schnell fest. Das Tagebuch des Kronprinzen enthält die Eintragung: »27. Juli, Ankunft in München. König Ludwig auffallend verändert; seine Schönheit hat sehr abgenommen; er hat die Vorderzähne verloren; bleich, nervös, unruhig im Sprechen, wartet er die Antwort auf Fragen nicht ab, sondern stellt schon, während man antwortet, weit andere Dinge betreffende Fragen.« Zwei Tage nach seiner Abreise erhielt der Kronprinz noch einen Brief seines Vetters, in dem dieser die Versicherung verlangte, daß die Unabhängigkeit Bayerns bei Friedensschluß voll verbürgt werde. Daraus sprachen bereits Befürchtungen, die Ludwig II. während des ganzen Ablaufs der Feindseligkeiten immer unruhiger und nervöser machten.

Eine Episode aus dem deutsch-französischen Krieg von 1870, nach einem Aquarell. »Ende Juli 1870 zogen die bayrischen Truppen ins Feld. Ihr Kontingent betrug zwar hundertfünfzigtausend Mann, ihre Ausrüstung war jedoch ziemlich schlecht . . . Dennoch zeichneten sie sich aus«.

DIE BAYERN IM KAMPF GEGEN DIE FRANZOSEN

Ende Juli 1870 zogen die bayrischen Truppen ins Feld. Ihr Kontingent betrug zwar hundertfünfzigtausend Mann, ihre Ausrüstung war jedoch ziemlich schlecht und ihre Operationen vollzogen sich äußerst langsam. Dennoch zeichneten sie sich bereits in dem Treffen von Weißenburg und Wörth aus; beim Angriff auf Fröschviller eroberten sie das erste französische Feldzeichen. Bei Sedan sperrten sie dem Gegner den Weg vor Bazeilles und verloren zweihundertdreizehn Offiziere und viertausend Mann. In der Folge zeichneten sie sich auch in den Kämpfen vor Orléans aus und erwarben sich, wie ihre preußischen Kameraden sagten, »ewigen Ruhm«. Nach der Einnahme von Paris machten die »blauen Soldaten« der bayrischen Infanterie nochmals von sich reden: als sie über die Champs-Elysées defilierten, fühlten sie sich von der Menge bedroht, formierten sich flugs im Karree und richteten die Gewehre auf die Gaffer.
Alle diese Lorbeeren lassen einen Herrscher gleichgültig, von dem der »Figaro« eines Tages schreiben sollte: »Er hat seine Soldaten nie anders als auf dem Klavier begleitet.« Er unternahm einen Spaziergang, ohne erst das Ende eines Telegramms abzuwarten, das den Sieg von Wörth meldete, und erklärte kühl: »Ein König wartet nie.« Er weigerte sich, den lauten Festen beizuwohnen, mit denen München den Sieg von Sedan feierte, und beschränkte sich

Sedan . . . und die Niederlage der französischen Armee. »Ludwig II. sieht sich erneut von den Ereignissen überrannt«. »Wieder spricht er von Abdankung«. — »Das ist das Ende des alten Bayern!«.

darauf, die Regierung wissen zu lassen: »Da es weder ein Reich, noch eine Republik, noch einen deutschen und geographischen Bund gibt, wünsche ich, daß die Regierungsgebäude nur bayrische oder noch besser gar keine Fahnen tragen.« Und er dachte nicht im Traum daran, sich zur Armee zu begeben, da er sich vollkommen klar war, daß er dort nur eine dekorative Rolle gespielt hätte.

Die wahren Gefühle Ludwigs II. Preußen gegenüber brachen mit Gewalt einige Wochen später auf, als die Verhandlungen begannen, aus denen das neue Deutsche Reich hervorgehen sollte. Der große Historiker Jacques Bainville schreibt dazu: »Hört man heute die offiziellen Historiker jenseits des Rheins, diejenigen, welche die Jugend unterrichten, und diejenigen, die der Staatsraison dienen, dann wäre das vom König von Bayern gegebene Beispiel großartig gewesen. Danach habe er es hingenommen, unter Bevormundung gestellt zu werden, habe auf seine Rechte verzichtet und seinen Stolz in einer freiwilligen Geste und sogar mit heldenhafter Freude, die aus seiner Liebe zum gemeinsamen Vaterland stammte, gedemütigt. Deshalb hat man sogar vorgeschlagen, ihn ›Ludwig den Deutschen‹ zu nennen.

War der bayrische Herrscher auch tatsächlich der erste, der Wilhelm von Preußen die Kaiserkrone angeboten hat, so gingen dieser »unsterblichen Handlung«, diesem »erhabenen Opfer auf dem Altar des deutschen Vaterlandes«, doch lange Debatten, Ränke, Stimmungsschwankungen voraus.

Minister Lutz und General von Pranck. Rechts »Das Tal mit Hochbrücke« in München, (Gemälde von F. Jodl).

Schon von September an, nach den ersten deutschen Erfolgen, verstärkte sich die Bewegung zugunsten der nationalen Einheit, und man begann mit Verhandlungen über die zukünftige Verfassung des deutschen Bundes. Prinz Lynar wird mit dem Auftrag nach München geschickt, Ludwig II. nach Frankreich einzuladen. Der König weigert sich zunächst unter dem Vorwand einer Unpäßlickeit — Zahnschmerzen —, dem Abgesandten seines Onkels eine Audienz zu gewähren. Als er ihn jedoch am nächsten Tag doch empfangen muß, beantwortet er die Einladung damit, daß sein Gesundheitszustand es ihm nicht erlaube, die Reise zu unternehmen.

Aber schon am 22. September entsendet Bismarck eine wichtige Persönlichkeit zum bayrischen Herrscher, den Minister Delbrück, mit dem Auftrag, Ludwig zu erklären, daß ganz Deutschland die Einheit anstrebe, und diese Einheit könne selbst gegen den Willen Bayerns herbeigeführt werden: falls das Königreich unabhängig bliebe, hätte es keinen Platz mehr in der Zollunion und liefe sogar Gefahr, die Pfalz zu verlieren. Ludwig empfängt Delbrück und hört ihm ungeduldig zu; er weigert sich, auf das Thema einzugehen, und hält ihm eine lange Rede über das vatikanische Konzil.

Delbrück kehrte demnach mit leeren Händen zurück. Um jedoch einen Bruch zu vermeiden, erhielt die Regierung vom König die Ermächtigung, den Ratspräsidenten und konservativen Aristokraten Graf Bray sowie den Kriegsminister Pranckh und den Justizminister Lutz nach Versailles zu schicken. Diese Delegation führte wochenlang ergebnislose Gespräche.

Aus den Tagebuchaufzeichnungen des Fürsten Hohenlohe läßt sich die damals in München herrschende Stimmung ersehen. »Der König tut alles, wenn man ihn nur in Berg ruhig läßt. Die Minister tun alles, nur um ihre Stellen zu behalten. Politische Überzeugungen und klare Pläne finde ich nirgends. Man wird die Dynastie im Stich lassen von seiten der Bürokratie, um sich mit Preußen gut zu stellen, von seiten der Armee, um eine gute Stellung zu den norddeutschen Kameraden zu haben, und von seiten des Volkes, das den König wegen seiner Untätigkeit nicht achtet.« Ludwig II. fühlte sich wieder einmal von den Ereignissen überrannt. Der Gedanke, daß die Wittelsbacher ihre absoluten Souveränitätsrechte in Bayern verlieren würden, reizt seinen Stolz maßlos. Er scheint vergessen zu haben, daß Bayern bis 1806, als sich das Heilige Römische Reich Deutscher Nation auflöste, stets nur ein Teil dieses Reiches war. Vielleicht ist es aber vor allem die Unterwerfung unter die Vorherrschaft der Hohenzollern, die von den alten Dynastien als »Emporkömmlinge« angesehen werden, was ihn demütigt und ärgert. Wieder denkt er an Abdankung, holt seinen Bruder Otto von

der Front zurück und schreibt seinem Kabinettchef Eisenhart: »Ich sehe ihn als König an; nur an einem einzigen dünnen Faden hängt noch die Sache, dann wird es heißen: Le Roi Louis II est mort, vive le Roi Othon! Ich erwarte baldige Nachricht über sein Kommen. Ludwig.« Aber läuft er nicht Gefahr, als seinen Nachfolger einen Menschen zu bestimmen, der bereits von einer unheilbaren Krankheit erfaßt ist?

Wir wissen nicht, was sich bei der Unterhaltung der beiden Brüder am 5. November 1870 in Hohenschwangau abgespielt hat. Entdeckte Ludwig II. bei Otto bereits die Symptome nahender Geisteskrankheit? Tatsache ist, daß er für den Augenblick von dem Gedanken einer Abdankung Abstand nahm und Otto im Januar nach Versailles zurückkehrte.

Welcher Ausweg bot sich dem verzweifelten König sonst noch? Er verlangte Ratschlag von Fürsten von Geblüt, seinen Verwandten, die er immer vernachlässigt hatte; von dem versammelten Rat bringt sein Onkel, Prinz Luitpold, der früher Preußen stets feindlich gesinnt war, im Namen der Familie den Beschluß zur Kenntnis, sich der Einheitsregierung anzuschließen. »Die Traditionen, in denen ich erzogen wurde, stehen im Gegensatz zu dem Zustand, den man in Deutschland einführen will, prüft man jedoch die Lage kaltblütig, so sehe ich dessen Notwendigkeit und seine Vorteile ein.«

Um welche unmittelbaren Vorteile konnte es sich dabei handeln? Die Vertreter Ludwigs II. in Versailles waren beauftragt, drei Hauptforderungen zu stellen: I. Das Föderativprinzip wird im neuen Reich streng beachtet; 2. Bayern erhält bei Kriegsende eine territoriale Kompensation, vielleicht in Lothringen oder in Baden; 3. Der Vorsitz in der deutschen Konförderation wird alternierend den beiden Dynastien, den Wittelsbachern und den Hohenzollern, übertragen. Diese letzte Forderung wird dem preußischen König noch ein letztes Mal von Prinz Luitpold im Januar 1871 vorgetragen. Bismarck beschränkte sich auf die Bemerkung: »König Ludwig lebt im Königreich der Träume.«

Bismarck ist jedoch ein viel zu guter Diplomat, um nicht die Möglichkeit gewisser Konzessionen zur Befriedigung des bayrischen Stolzes einzuräumen. Von Kriegsbeginn an hatte er König Wilhelm immer wieder versichert, Ludwig II. wäre im Recht, wenn er seine Truppen zurückzöge, falls man ihm nicht die nötigen Versicherungen gäbe. Obwohl Bismarck jetzt zwar die einigermaßen, kindische Forderung des Grafen Bray zurückweist, dem König von Bayern in der neuen Verfassung eine Sonderstellung einzuräumen, wie zum Beispiel die eines Reichsverwesers, macht er doch keine Schwierigkeiten, den Bayern das Recht auf eine Armee, eine diplomatische Vertretung, eine autonome Verwaltung der Eisenbahn und des Postwesens zuzugestehen. Schließlich erhält er von Graf Bray die Unterschrift unter einen diesbezüglichen Entwurf. Nun bleibt noch das letzte Hindernis zu nehmen: die Zustimmung König Ludwigs II. zu gewinnen.

UND WIEDER EINE HISTORISCHE ENTSCHEIDUNG

Eben da taucht eine neue Persönlichkeit auf dem Schauplatz auf: Graf Holnstein, Oberstallmeister am königlichen Hof, dessen zweifellos markanteste Persönlichkeit er ist. Groß, blond, ein Recke an Gestalt, wenig gebildet, aber sehr geschickt, energisch und skrupellos, hatte es dieser Abenteurer großen Stils immer vorgezogen, hinter den Kulissen zu wirken, und immer dort aufzutauchen, wo man ihn am wenigsten erwartete. Er hatte als Vermittler seines Königs bei dessen Schwierigkeiten mit verschiedenen engen Freunden gedient, bei Wagner, Hohenlohe und sogar bei der ehemaligen Verlobten, Sophie. Er schleppte vergoldete Möbel auf Berggipfel zur Ausstattung der Jagdhäuser des Herrschers. Nach später durch Dokumente erhärteten Gerüchten stand er im Sold Berlins. Jetzt war für ihn der Augenblick des Handelns gekommen. Trotz wiederholter Absagen Ludwigs II. wurde der König wieder einmal nach Frankreich eingeladen und sollte im Schloß Trianon wohnen. Für Holnstein war das ein willkommener Vorwand. Ludwig II. ermächtigte ihn, sich nach Versailles zu begeben, um dort einen möglichen Aufenthalt Ludwigs vorzubereiten, und dort fiel es ihm leicht, Kontakt mit Bismarck aufzunehmen.
Alles läuft wie am Schnürchen. Bei seiner Ankunft wird Holnstein von dem allmächtigen Präsidenten des preußischen Rats empfangen. Holnstein kennt seinen Herrscher gut: Er weiß, daß dieser sich niemals an Wilhelm I. wenden wird, um ihm die Kaiserkrone anzubieten, falls man ihm nicht einen guten, in diesem Sinn abgefaßten Entwurf der Botschaft vorlegt. Bismarck übernimmt die Aufgabe und arbeitet den Text auf einem abgeräumten Eßtisch im Speisesaal aus, »auf durchschlagendem Papier und mit widerstrebender Tinte«, wie er in seinen »Erinnerungen« schreibt.
Seiner Gewohnheit treu, ist Ludwig II. nicht in der Hauptstadt, sondern residiert in seinem Schloß Hohenschwangau. Das macht nichts: Holnstein setzt seinen Weg fort, kommt bei strömendem Regen an, dringt zum König vor, den er von seinem Zahnarzt mit Chloroform

»Am 18. Januar 1871 schreitet man in der Spiegelgalerie des Schlosses von Versailles zur Proklamation des Deutschen Reiches«.

betäubt antrifft und verlangt eine sofortige Entscheidung. Er erklärt, er müsse um sechs Uhr abreisen, Deutschland verlange einhellig einen Kaiser, und die bayrischen Truppen könnten von sich aus zu seiner Proklamierung schreiten, wonach Ludwig II. nur die Möglichkeit bliebe, Zuflucht in der Schweiz zu suchen. In diesem Augenblick hält der König von Bayern die ganze Zukunft Deutschlands, vielleicht sogar Europas, in der Hand. Aber er hat keine Wahl — die Würfel sind gefallen. Da die Einheit Deutschlands auf alle Fälle erzielt werden muß, da Bismarck auch ohne die bayrischen Truppen aufzuwiegeln, den König übergehen kann, indem er sich an den Landtag von München wendet, ist es an ihm, Ludwig II., dem Range nach der erste unter den deutschen Fürsten, Wilhelm I. die Kaiserkrone anzubieten. Gehorsam schreibt er den von Bismarck verfaßten Text des Briefes ab und übergibt ihn Holnstein mit einem zweiten, an den Präsidenten des preußischen Rats gerichteten Brief sowie einem vom Ministerkollegium abgefaßten Rundschreiben an alle deutschen Fürsten. Der Oberstallmeister reist mit den Dokumenten in Händen zu der von ihm bezeichneten Stunde ab. In München angelangt, unterrichtet er den Kabinettchef Eisenhart und den Justizminister Lutz vom Inhalt der Schreiben, hält es jedoch nicht für angezeigt, sie auch dem Grafen Bray, dem Ratsvorsitzenden und Außenminister, zu zeigen. Als dieser von der Wendung der Ereignisse erfährt und es ihm gelingt, dem König seinen Standpunkt darzulegen, möchte dieser, völlig außer Fassung geraten, Holnstein zurückrufen. Aber es ist zu spät: Holnstein hatte eine Lokomotive beschlagnahmt und ist bereits wieder in Versailles. Bismarck empfängt ihn, schon im Bett liegend, und befiehlt Champagner, um seinen Sieg zu feiern. Am 18. Januar 1871 schreitet man in der Spiegelgalerie des Schlosses von Versailles zur Proklamierung des Deutschen Reichs. Der arme Prinz Otto von Bayern ist stummer, harmloser Zeuge.
Während das bayrische Volk einhellig und lautstark den »großherzigen« Entschluß Ludwigs II. begrüßt, hat dieser endlich begriffen, daß er sein Erstgeburtsrecht um ein Linsengericht verkauft hat. Von Gewissensbissen gepackt, will er sich zurückziehen: Wieder spricht er von seiner Abdankung und der Anziehungskraft des Sees auf ihn.
Noch blieben Formalitäten zu erledigen: Es handelte sich um die Billigung des in Versailles geschlossenen Vertrags durch den bayrischen Landtag. Von der Kommission (mit 12 gegen 3 Stimmen) zurückgewiesen, wird er von der Plenarversammlung nach zehntägiger Debatte mit der erforderlichen Mehrheit (102 gegen 48 Stimmen) angenommen. Der ehemalige Ratspräsident von der Pfordten, gealtert, fast vergessen, vermerkt es in seinem Tagebuch folgendermaßen: »Heute haben die Abgeordneten ihre Rechte und ihr Land mediatisiert, indem sie sie unter die Militärherrschaft Preußens gestellt haben. ‚Finis Bavariae'.«

Die Rückkehr der bayrischen Truppen nach München 1871. »Mein erster Vasallenritt«, sagt Ludwig. Er läßt die Truppen an der Seite des Kronprinzen Friedrichs von Preußen Revue passieren.

VASALL LUDWIG II.

Am Kriegsende muß Ludwig II. noch einmal den Passionsweg gehen: er muß der Heimkehr der Truppen in München beiwohnen und sie Revue passieren lassen, an der Seite des Kronprinzen Friedrich von Preußen, eines Mannes mit blondem Bart, des siegreichen Feldmarschalls, der von der Menge stürmisch gefeiert wird. Es ist, sagt Ludwig, »mein erster Vasallenritt«, und er schreibt seinem Bruder, die Teilnahme an dieser Zeremonie habe ihn »in Verzweiflung gestürzt«.

Nach einem im Theater verbrachten Abend treffen einander die beiden Fürsten am nächsten Tag auf der Roseninsel mitten im Starnberger See, wo Ludwig den Kronprinzen zum Ehrenoberst eines bayrischen Ulanenregiments ernennen will. Da Friedrich jedoch protokollgerecht erwidert, er müsse die Erlaubnis seines Vaters einholen, bevor er dieses schmeichelhafte Angebot annehmen könne, wird Ludwig II. ärgerlich; es ist das Vorspiel einer endgültigen Verfeindung beider Männer.

Nachdem sich der König von Bayern dem Deutschen Reich angeschlossen hat, will er nichts mehr mit den Preußen zu tun haben. Er lehnt es ab, an einem großen Bankett von neunhundert Gedecken teilzunehmen, das im Spiegelpalast zu München zur Feier des Kriegsendes und der Proklamierung des Reichs veranstaltet wird. Er schreibt Wagner, »dieses elende Reich« widere ihn an und die Ergebnisse der Ereignisse von 1870 und 1871 vergällten ihm das Leben. Er läßt keine preußischen Musiker in seiner Armee zu und will sich nicht von einem preußischen Zahnarzt behandeln lassen. Es geht so weit, daß er diese Abneigung sogar auf seine preußische Mutter ausdehnt, von der er nicht mehr anders als »die Frau meines Vorgängers« oder dem »Oberst des 3. Artillerieregiments« spricht.

Das Wappen des Königreichs Bayern an einem Kasernenfries in München.

Eine Ausnahme allerdings läßt er gelten, und diese ist beachtlich: ein grenzenloses Vertrauen herrscht auch weiterhin zwischen ihm und Bismarck. Die Gründe kennen wir nicht. Kommt es daher, weil Ludwig das Zerwürfnis zwischen dem Kronprinzen und dem neuen Reichskanzler bekannt ist? Kommt es daher, weil ihm seine Intuition sagt, daß Bismarck genauso wie er ein den monarchischen Vorstellungen des Mittelalters ergebener Landedelmann ist? Bismarck selbst hat seine Einstellung zu Ludwig II. in seinen »Gedanken und Erinnerungen« klar dargelegt: » . . . Ich bin . . . mit ihm, seit er . . . den Thron bestiegen hatte, bis an sein Lebensende in günstigen Beziehungen und verhältnismäßig regem brieflichen Verkehre geblieben und habe dabei jederzeit von ihm den Eindruck eines geschäftlich klaren Regenten von national deutscher Gesinnung gehabt, wenn auch mit vorwiegender Sorge für die Erhaltung des föderativen Prinzips der Reichsverfassung und der verfassungsmäßigen Privilegien seines Landes.«
Auch wird sich der Kanzler immer bemühen, die ständigen Befürchtungen Ludwigs II. um die Unabhängigkeit seines Königreichs zu beschwichtigen, die Mißverständnisse zwischen ihm und Wilhelm zu bereinigen und ihm kleine Dienste zu erweisen.
Im Februar 1875, als eine Ministerkrise in Bayern ausbrach, schrieb Bismarck an Hohenlohe: »Der Herr in Frage (König Ludwig) ist mir immer gnädig gewesen, und ich möchte gegen ihn persönlich zu nichts die Hand bieten, was ich ihm nicht vorher sagen und was ich auch nicht für seines Dienstes halten könnte.« Und als für Ludwig II. die Stunde seiner letzten Prüfung anbrach, erwies sich der sonst so unerbittliche eiserne Kanzler wieder als treuer und ergebener Freund, wie später zu sehen sein wird.

Ein Foto des Königs von J. Albert, königlicher bayerischer und kaiserlicher russischer Hof-Fotograf. Rechts einer der herrlichsten Orte Oberbayerns.

LUDWIG II. ENTZIEHT SICH DEN REGIERUNGSGESCHÄFTEN

Das Jahr 1871 bezeichnet eine entscheidende Wende im Leben Ludwigs II. von Bayern. Als er sieben Jahre zuvor, noch im Jünglingsalter, den Thron bestiegen hatte, hegte er eine sehr hohe Vorstellung von seiner königlichen Sendung. Durchdrungen von romantischen Ideen, wollte er zu den ritterlichen Idealen des Mittelalters zurückkehren. Das Deutsche Reich, das in der Spiegelgalerie des Schlosses von Versailles errichtet wurde, hatte damit nichts gemein. Als stark intuitiver Mensch mußte Ludwig II. schon jetzt spüren, daß dieses neue Deutschland, von dem Genie eines Bismarck oder Moltke beherrscht, sich auf völlig neue Bahnen — des Materialismus und des Militarismus — begeben und der »Wille zur Macht« die Gemüter niedriger »Philister« beherrschen würde, die sich mit der Eroberung von Weltmärkten befassen würden.
Nach allen Enttäuschungen seines persönlichen Lebens war das für den König die grausamste Ernüchterung. Der einzige Ausweg, den er vor sich sah, war, sich endgültig von ihr zu trennen und sich in eine Traumwelt zu flüchten.

Zu Beginn des Jahres 1870, einige Monate vor dem Deutsch-Französischen Krieg, hatte man ihn noch bei einem großen, von Offizieren im Odeonssaal veranstalteten Ball gesehen. Von 1871 an wurde Ähnliches unmöglich. Ludwig II. machte kein Hehl mehr aus seinem Abscheu vor öffentlichen Kundgebungen. Er floh vor Kindern und behauptete, Ovationen seien ihm unangenehmer als Attentate.
In der Münchner Regierung folgten einander die Ratspräsidenten den parlamentarischen Schwankungen gemäß. Diese Männer versuchten, schlecht und recht, das Gleichgewicht zwischen den »Liberalen«, die über die Majorität in der Kammer verfügten, und den »Konservativen«, der Majorität auf dem Land, aufrechtzuerhalten. Wenn auch der König persönlich eher zur konservativen und klerikalen Seite neigte, so ließ er doch den Ministern freie Hand, die er kaum kannte und so gut wie nie sah. Er beschränkte sich darauf, die Berichte durchzufliegen und die Dekrete zu unterzeichnen, die ihm seine Kabinettchefs vorlegten. Diesen letzteren fiel die Aufgabe zu, ihren Herrn bei seinen ständigen Ortsveränderungen von Schloß zu Schloß und Jagdhaus zu Jagdhaus aufzuspüren.
Schilderungen von Augenzeugen erlauben es uns, die Umgebung zu rekonstruieren, in der

Gemäß seiner Gewohnheit hat Ludwig II. München in seinem Sonderzug aus hellblauen, reich im Barockstil verzierten Waggons verlassen.

sich die Begegnungen zwischen Herrscher und Staatsdiener abspielten. Gemäß seiner Gewohnheit hat Ludwig II. München in seinem Sonderzug aus hellblauen, reich im Barockstil verzierten Waggons verlassen; in einem kleinen Bahnhof angekommen, setzt er sich in eine Kalesche und fährt in die bayrischen Alpen. Der Oberstallmeister Holnstein hat für diese Ortsveränderung alles vorbereitet, die Pferde, die Verpflegung, die Rastplätze. Mitten auf dem Land hält man an, etwa vor dem Haus eines Jagdaufsehers. Auf einer Wiese werden Tische und Stühle aufgestellt, eine rotwollene Tischdecke wird ausgebreitet, ein Blumenstrauß aufgestellt. Die Stallmeister halten sich bei den Wagen im Hintergrund. Der König, mit Schottenmütze, nimmt Platz. Hinter ihm stehen zwei Lakaien. Hunde bellen, Kuhglokken bimmeln. Und in dieser ländlichen Kulisse taucht nun der Kabinettchef auf, in schwarzem Frack mit weißer Binde, den Zylinder unter dem einen und eine blauseidene Akten-

»Gemäß seiner Gewohnheit hat Ludwig II. München in seinem Sonderzug aus hellblauen, reich im Barockstil verzierten Waggons verlassen«.

mappe unter dem anderen Arm. Er erstattet mit sehr lauter Stimme seinen Bericht und verschwindet, nachdem er sich die von Ludwig gegebenen Entscheidungen angehört hat, die der König mit düsterer, nervöser Miene trifft . . .

Man weiß nicht, ob der König seine eifrigen Mitarbeiter schätzte oder verachtete. Als er nach sechsjährigen Diensten im Mai 1866 den treuen Eisenhart entließ, rief er aus: »Ich verstehe nicht, wie ich dieses Narrengesicht so lange um mich ertragen konnte!« In den folgenden fünf Jahren fiel die undankbare Rolle Friedrich von Ziegler zu, der sich den königlichen Launen so gut wie möglich anpaßte und seine Ruhe auch dann noch wahrte, als Ludwig ihn mit dem Revolver bedrohte oder ihn mitten in der Nacht rufen ließ. Zum Glück waren die Lakaien gewarnt, sie gingen den würdigen Beamten gar nicht erst holen und behaupteten als Ausrede für sein Nichterscheinen, er habe einen bissigen Hund vor dem Haus . . .

Von 1871 an flüchtet sich der König in eine Traumwelt. »Ludwig II. machte keinen Hehl mehr aus seinem Abscheu vor öffentlichen Kundgebungen und behauptete, Ovationen seien ihm unangenehmer als Attentate«. »Er entschloß sich, Aufführungen für sich allein zu veranstalten . . . der ‚Ring des Nibelungen' wurde viermal für ihn aufgeführt«. Oben zwei Szenen aus dieser Oper. Rechts Ludwig im Kostüm eines Schwanenritters in der blauen Grotte von Linderhof.

SEPARATVORSTELLUNGEN FÜR DEN KÖNIG

Von den Pflichten und Tagessorgen befreit, in eine Phantasiewelt geflüchtet, ging Ludwig daran, sein einsames Leben schön zu gestalten. Trost war ihm vor allem das Theater. Aber auch hier wollte er nicht vor den Blicken der Menge erscheinen und sich durch Operngläser anstarren lassen. Er wollte sich seinen Träumen hingeben, ohne vom Publikum gestört zu werden. Zunächst gab er sich damit zufrieden, heimlich Proben beizuwohnen, merkte aber bald, daß seine Anwesenheit die Künstler nervös machte. Also entschloß er sich, Aufführungen für sich allein zu veranstalten: zwischen 1874 und 1885 fanden nicht weniger als zweihundert dieser Separatvorstellungen statt. Es wurden fünfundvierzig Opern (darunter der »Ring des Nibelungen« und »Parsifal« viermal) und zahlreiche Dramen aufgeführt. Das Repertoire bestand in erster Linie aus französischen Klassikern: Corneille, Racine, Moliére. Bald jedoch wandte sich der König von ihnen ab, und da er sich immer stärker für das Leben der letzten französischen Könige interessierte, beauftragte er mittelmäßige Autoren, historische Stücke über diese Epoche zu schreiben. Dabei mußten die Tatsachen vollkommen genau geschildert werden, und ein Monarch durfte nicht ungünstig und nicht auf dem Totenbett dargestellt sein. Allein im Jahr 1872 wohnte er der Aufführung folgender Stücke bei: »Die Gräfin Dubarry«, »Der Graf von Saint-Germain«, »Ein Minister Ludwigs XV.«, »Ein Ball unter Ludwig XV.«, »Das Alter eines großen Königs«, »Die Jugend Ludwigs XIV.«, »Bericht über die Königin von Navarra«, »Esther von Racine in Saint-Cyr«, »Der Genius des Ruhms« mit Marquise de Pompadour im Mittelpunkt des Stücks. Ludwig II. saß allein in der großen Mittelloge vor einem leeren, aber strahlend erleuchteten Theater, zum Erstaunen der guten Münchner, die von außen die Lichter sahen, aber nicht im Traum daran denken durften, in ihr Theater eingelassen zu werden.

Die Bourbonen waren zu seinem Steckenpferd geworden. Lohengrin, Tannhäuser und Tristan waren vergessen: jetzt waren es Prinzen, Herzöge und Grafen Frankreichs, für die er sich begeisterte. In die Lektüre von Geschichtsbüchern und zeitgenössischen Memoiren versunken, wurde er zum Kenner der Sitten, Bräuche und sogar der Protokolls des Ancien régime. Um dessen Spuren aufzusuchen, unternahm Ludwig II. unerwartet zwei Reisen nach Frankreich.

Ludwig besucht Paris... den Louvre (rechts).

Die Ankündigung der bevorstehenden Ankunft des Königs von Bayern mußte bei den leitenden Kreisen von Paris eine gewisse Bestürzung hervorrufen. Die von dem Krieg von 1870/71 geschlagene Wunde war noch nicht vernarbt, die Besetzung einiger Provinzen nach Einhebung schwerer Kontributionen noch kaum aufgehoben. Die Pickelhauben waren verhaßt, und die Bevölkerung hatte keinen Grund, einen Unterschied zwischen Preußen und Bayern zu machen. Man würde jedoch gute Miene zum bösen Spiel machen und mit aller üblichen Höflichkeit einen Herrscher empfangen müssen, der hoch über den Zufälligkeiten der Politik schwebte.
Dennoch mußte sich Kommandant Gradery sehr überwinden, um den Herrscher eines »grausamen und unverschämten Volkes« persönlich zu empfangen, als Ludwig II. am Abend des 31. August am Gare de l'Est eintraf und sich am nächsten Tag nach Versailles begab.

...»Er kehrte nach Versailles zurück, um die beiden Trianonschlösser vom Keller bis zum Dach zu besichtigen«.

In der Gesellschaft des Oberstallmeisters von Holnstein am Schloß angekommen, besuchte Ludwig II. die Kapelle, stieg die Freitreppe mit noch höher erhobenem Kopf als sonst hinauf und ließ seine Stiefel auf dem Marmor hallen. Er ging durch die Säle, blieb jeden Augenblick stehen, um die Möbel und die Gemälde zu bewundern, und ging nach der Besichtigung des Parks entzückt ins Hôtel des Reservoirs essen.
Der nächste Tag war Paris gewidmet. Ludwig besichtigte die Stadt, verweilte beim Kirchenschatz von Notre-Dame und wohnte einer Opernvorstellung bei. Am 24. machte er Einkäufe bei dem Bronzenhändler Barbedienne und kehrte nach Versailles zurück, um die beiden Trianonschlösser vom Keller bis zum Dach zu besichtigen. Als man ihm die Galakutsche Ludwigs XIV., »von Watteau dekoriert«, zeigte, bemerkte er sehr richtig, Watteau sei kein Zeitgenosse des großen Königs gewesen. Am 25. verließ er Paris nach dem Besuch des Invalidendoms und des Louvre spät abends, nachdem er sich vom Grafen Holnstein hatte sagen lassen: »Höchste Zeit! Morgen hätte man uns ausgepfiffen!« Was die Pariser vor allem

»Ludwig begab sich im nächsten Jahr nach Reims, um die Stätten zu besichtigen, wo die Franzosen ihre Könige salbten (rechts) . . . Als er sich zu der uralten Kirche von Saint-Rémy begab (rechts unten), sah er sich von der Menge umringt: sein Inkognito war gelüftet worden«. Oben Notre-Dame von Paris, deren Kirchenschatz er bewunderte.

überrascht hatte, war der wunderliche, etwas theatralische Gang ihres hohen Besuchers. Man hätte auf ihn anwenden können, was Voltaire über den Gang Ludwigs XIV. gesagt hat: »Er konnte nur bei ihm und seinem Rang möglich sein; bei jedem anderen wäre er lächerlich gewesen.«

Der König reiste um so befriedigter ab, als man ihm jede Berührung mit der offiziellen Welt erspart hatte. Er hatte sich auf eine Unterhaltung mit Herzog Decazes in den Gärten von Versailles beschränkt und brauchte Präsident Mac-Mahon nicht zu besuchen, der nicht in Paris weilte.

Ermutigt durch dieses erste Erlebnis, begab sich Ludwig im nächsten Jahr nach Reims, um die Stätten zu besichtigen, wo die Franzosen ihre Könige salbten. Er stieg im Hôtel d'Or ab und widmete den ganzen Tag dem Besuch der Kathedrale. Als er sich jedoch am nächsten Tag zum Erzbischöflichen Palais und der uralten Kirche von Saint-Remy begab, sah er sich von der Menge umringt: Sein Inkognito war gelüftet worden, und die Stadt war voll Pilger auf dem Weg nach Lourdes. Die Umgebung des Königs fürchtete feindselige Kundgebungen, denn die Geistlichkeit der Champagne war weit davon entfernt, die Freundschaft zu übersehen, die der Herrscher von Bayern den Schismatikern, den Altkatholiken von Bayern, und deren Haupt, seinem alten Professor Döllinger, entgegenbrachte. Um unangenehme Zwischenfälle zu vermeiden, war es besser, noch am selben Tag abzureisen.

Diese beiden Reisen hinterließen in Ludwig II. tiefe Spuren. Nachdem er die Herrlichkeiten der bourbonischen Monarchie aus der Nähe bewundert hatte, war er hinfort entschlossen, die Pracht auf seinem Heimatboden wiedererstehen zu lassen.

Neuschwanstein. »So wie Schloß Neuschwanstein heute dasteht, wenn es am Ausläufer einer Alpenkette plötzlich in Sicht kommt, ist es eine überraschende Erscheinung« . . . ein Märchenschloß. »Der ungeheuer große, zwei Stockwerke hohe Thronsaal mit seiner himmelblauen Kuppel, seinen Säulenreihen, den Wandmalereien mit Darstellungen von Heiligenleben, den vergoldeten Mosaiken . . .«

NEUSCHWANSTEIN

Ludwig II. hatte von seinen Vorfahren die Leidenschaft für Architektur geerbt. Freilich waren alle diese Wittelsbacher von einst, selbst wenn sie für ihre Bauten unerhörte Summen aufbrachten, mit beiden Beinen fest auf dem Boden geblieben und hatten mit ihnen Zwecke verfolgt, die sie für nützlich, wenn nicht sogar für notwendig gehalten hatten. Als die pfälzischen Kurfürsten ihre prunkvollen Wohnsitze errichteten, wollten sie eine ihrem Range würdige Umgebung schaffen und ihr Prestige in den Augen der übrigen deutschen Potentaten erhöhen. Als König Ludwig I. seine Stadt mit Bauten in neuklassischem Stil schmückte, suchte er aus München eine echte Hauptstadt zu machen, die dieser Bezeichnung würdig wäre. Für Ludwig II. gab es keine praktischen Überlegungen dieser Art; die Architektur sollte ihm einzig dazu dienen, seinen Flug in das Königreich der Träume und der Phantasie zu erleichtern.

Schon 1868, als er noch immer nicht ganz dem Einfluß Wagners entronnen war, hatte er an die Errichtung eines Schlosses gedacht, in dem ein Tannhäuser oder Lohengrin, wenn nicht sogar die Gralsritter hätten wohnen können. Er hatte schon die Wartburg und andere historische Stätten ähnlicher Art besucht. Nunmehr ging er daran, seinen Plan auszuführen und neben seinem Familiensitz Hohenschwangau auf steiler Höhe des Schloß Neuschwanstein erbauen zu lassen. Der gewählte Platz ist so romantisch, wie man es nur wünschen kann: riesige Granitmassen, düstere Tannenwälder, die jähe Abhänge emporklettern, ein ungestümer Wildbach, der sich in einen See ergießt, in der Ferne eine Bergkette.

Beim Tod des Königs im Jahr 1886 waren die Bauten noch nicht beendet.

So wie Schloß Neuschwanstein heute dasteht, wenn es am Ausläufer einer Alpenkette plötzlich in Sicht kommt, ist es eine überraschende Erscheinung. Mit seiner Überfülle an Pechnasen, Wachttürmen, Schießscharten, schwindelnd hohen Türmchen und Steildächern sieht Neuschwanstein wie jene phantastischen, geheimnisvollen Burgen aus, die der Pinsel mit-

Neuschwanstein. Das Schlafzimmer, »lapislazuliblau und golden, mit Schnitzereien, Stickereien, Kristalleuchten. Rechts das Wohnzimmer des Königs.

telalterlicher Miniaturenmaler auf stolze Berggipfel setzte.

Auch das Innere ist verwirrend, allem voran der ungeheuer große, zwei Stockwerke hohe Thronsaal mit seiner himmelblauen Kuppel, seinen Säulenreihen, den Wandmalereien mit Darstellungen von Heiligenleben, den vergoldeten Mosaiken; an der Stelle eines Altars ist der Sitz des Königs aufgestellt.

Die Wandmalereien der anderen Säle sind den Helden der Wagneropern gewidmet. Ganz hoch oben, im vierten Stock, erzählen sieben Fresken die Legende Sigurds. Im Arbeitszimmer stellen acht Wandgemälde die Geschichte Tannhäusers dar. In einem anderen Raum hat man die Lohengrinsage in zehn Gemälden festgehalten. Im Speisesaal ist der Sängerkrieg beim Landgrafen von Thüringen geschildert. Drei Münchner Meister haben die Wände des Festsaals mit der Parsifalsage geschmückt.

Das Arbeitszimmer ist in Grün und Gold gehalten, der Salon in Blau und Silber, das Ankleidezimmer ist malvenfarben, das Schlafzimmer lapislazuliblau und golden, der Speisesaal dunkelrot. Im Schlafzimmer blüht und wuchert es vor Schnitzereien, Kunstschmiedearbeiten, Stickereien, Kristalleuchten. Ein reich gemeißelter Baumstamm stützt in der Mitte die Zimmerdecke. Die Wände sind in Chorgestühlform aufgeteilt und schildern die ergreifende Geschichte von Tristan und Isolde.

Die Möblierung des Schlosses ist ein Gemisch aus byzantinischem und gotischem Stil und unterstreicht noch die verwirrende Wirkung des Ganzen. Auch an ihr ist wieder zu merken, daß Ludwig II. nichts von einem wahren Künstler an sich hatte. Es genügte ihm, daß die Sagen genau wiedergegeben wurden und die Kostüme streng der Zeit entsprachen. Schließlich sei noch angeführt, daß die Privatkapelle neben dem Zimmer des Königs seinem Schutzheiligen, dem Heiligen Ludwig von Frankreich, geweiht ist, in dem er den vollkommenen Vertreter des Königtums von Gottes Gnaden verehrte. Während der Erbauung von Neuschwanstein kehrte sich Ludwig II. immer mehr von der Gotik ab. Nach seinem Aufenthalt in Frankreich war es nun die Erinnerung an Versailles, die ihn verfolgte.

Schloß Herrenchiemsee. »Ein bayrisches Versailles«. Folgende Seiten: eine Luftaufnahme des Schlosses. »Wieder wählt der König eine landschaftlich wunderbare Stätte, am Chiemsee, dem wildromantischen und größten See Bayerns«.

HERRENCHIEMSEE

Wieder wählt er eine landschaftlich wunderbare Stätte, am Chiemsee, dem wildromantischen und größten See Bayerns. Wie in Neuschwanstein, sind auch hier die Alpen der Hintergrund, und auf der Oberfläche des Sees spielen seltsame Schatten, der Sage nach Spuren einer versunkenen Stadt. Schloß Herrenchiemsee wird auf einer einsamen Insel mit üppiger Vegetation errichtet.

Hier nun verwirklichte Ludwig II. ab 1878 seinen letzten großen Traum. Es ist ein ungeheueres Unternehmen. Jahrelang sind Tausende Maurer Tag und Nacht am Werk; zur Herstellung der Seidenstoffe für die Bespannungen werden Arbeiter aus Lyon geholt und machen Überstunden; dreihundert Frauen sind sieben Jahre lang mit den Stickereien der Vorhänge beschäftigt. Die Aufgabe der Baumeister besteht in einer möglichst genauen Nachbildung des Schlosses von Versailles. Die Stirnwand ist eine genaue Kopie der Schloßfassade Mansarts.

Die Ausmaße des Bauwerks sind riesig: die Fassade mißt hundertdrei Meter Länge und hat dreiundzwanzig Riesenfenster; die fünfunddreißig Meter lange Freitreppe ist dreizehn Meter breit; ein Schlafzimmer ist vierzehn, die Spiegelgalerie fünfundsiebzig Meter lang.

Die im französischen Stil mit Springbrunnen geschmückte Terrasse ist gut gelungen und gewährt einen bezaubernden Blick auf den See. Das Schloßinnere hält jedoch keinem strengen Urteil stand; es ist etwas viel zu Gekünsteltes an diesen mit etwa hundert Porträts des Sonnenkönigs geschmückten Sälen, dieser von dreihundert Kerzen erleuchteten Spiegelgalerie, an dieser ganzen Prunkentfaltung in Gold und Bronze, die den Linderhof noch bei weitem übertrifft.

Die betrüblichste Seite an diesem ganzen Bauwerk ist die, daß er keinerlei Zwecken dient. Das Versailles Ludwigs XIV. war Ausdruck einer Politik, Mittelpunkt eines Hofs und einer Gesellschaft; es zeugte vom Sieg der absoluten Monarchie über die Feudalmacht. Seine Korridore und Gärten waren nie leer. In Herrenchiemsee gab es keine sich drängenden Höflinge, keine Herzöge, die einander den Vortritt streitig gemacht hätten, es gab keine Montespan, keine intimen Soupers, keine Gesandten und schönen Marquisen. Einmal im Jahr kam ein melancholischer König in einer von Schiffern in neapolitanischem Kostüm geruderten Barke her, wohnte einige Tage hier und zog wieder anderswohin. Selbst wenn Ludwig II. Herrenchiemsee zu seinem ständigen Wohnsitz gemacht hätte, so wäre es ihm doch nie gelungen, hier eine Umwelt wiederzuerschaffen, die weder seiner eigenen Zeit noch dem Wesen seines Volkes entsprochen hätte.

Treppenaufgang und Saal in Herrenchiemsee. Unten die kleine Galerie und die Spiegelgalerie. Folgende Seiten: ein prachtvolles Schlafgemach und das Speisezimmer.

NEUE PLÄNE

Wenn Ludwig II. nur nach all diesen Bauten phantastischer Ausmaße hätte aufhören können – aber er hatte den Kopf voll neuer Pläne. In seinem Jagdhaus in Schachen ließ er die Räume in türkischem Stil schmücken. Dem Umbau der Burg Trausnitz widmete er sechs Jahre – und verbrachte nur eine einzige Nacht in ihr. Alles das verschlang ungeheuere Summen, und die königliche Schatulle leerte sich schnell. Um seinen Traum weiter zu verfolgen, mußte Ludwig II. Schulden machen. Sein Großvater, Ludwig I., hatte in seiner Regierungszeit elf Millionen aus seiner Privatschatulle ausgegeben und konnte dennoch wohltätigen Zwecken weitere sieben Millionen widmen. Freilich führte dieser König Buch und konnte seine Bauten sogar nach seiner Abdankung weiterführen. Ludwig II. hingegen konnte nicht rechnen. Zwar verehrte er Ludwig XIV. glühend, dessen weisen Rat jedoch befolgte er nicht, den der große König auf dem Sterbebett seinem Nachfolger gegeben hatte: »Vor allem, mein Kind, folge meiner Vorliebe für Bauten nicht nach.« Um seinen Traum zu verwirklichen, stürzte sich Ludwig II. lieber in Schulden; das aber sollte mit einer der Gründe seines Unterganges werden.

Der König lauscht Richard Wagner: auf Schloß Hohenschwangau und auf Neuschwanstein. — »Dem Umbau der Burg Trausnitz (oben und unten) widmete er sechs Jahre — und verbrachte nur eine einzige Nacht in ihr«.

Auf dieser Seite: Brückengitter im Schloßpark Nymphenburg mit den Initialen Ludwigs II. Rechts: Fotografie des Königs. »Er sprach mit der Kaiserin Maria von Rußland von seinem Hang zur Einsamkeit«.

KANN MAN SEINEM SCHICKSAL ENTRINNEN?

Jedes Lebewesen in dieser Welt ist dazu berufen, eine ihm vom Schicksal auferlegte Sendung zu erfüllen. Das gilt nach der klugen Feststellung des Philosophen Keyserling für alle Gesellschaftsschichten: ob es sich um einen König oder einen Schuster handelt – keiner darf sich seiner Aufgabe entziehen. Wieweit ist König Ludwig II. von Bayern diesem Gesetz nachgekommen?

Einige Jahre vor dem Deutsch-Französischen Krieg sprach Ludwig bei einem märchenhaften Fest mit Musik und Feuerwerk auf der Roseninsel zu Ehren der Kaiserin Maria von Rußland mit der Zarin von seinem Hang zur Einsamkeit. Die Zarin sagte ihm: »Ich fürchte diese Neigung. Ich fürchte dein dich Fernhalten von der Welt und den Menschen. Ich verstehe diese Neigung, weil sie auch meinem Wesen entspricht. Aber ich glaube, wir müssen sie bekämpfen. Auf dem Platz, auf den Gott uns gestellt hat, haben wir nicht das Recht auf sie.« Der romantische König geruhte diesem weisen Ausspruch nicht zu folgen.

Es gibt im Wesen Ludwigs II. gewisse Züge, die ihm noch heute zahlreiche, ja oft glühende Sympathien sichern: seinen Idealismus, seine Liebe zu Kunst und Schönheit, seine Großzügigkeit, seine Verachtung des Mittelmäßigen und der Speichelleckerei. Der unparteiische Historiker muß jedoch leider feststellen, daß Ludwig in der ersten seiner Pflichten versagt hat: zu regieren. Wenn ihm die Bürde der Krone zu schwer erschien, hätte er jederzeit, dem Beispiel seines Großvaters folgend, abdanken können. Nach den ersten Enttäuschungen seiner Herrschaft hatte er zwar daran gedacht, seither aber hatte er den Plan gänzlich fallenlassen. Eines schönen Tages im Jahr 1874 hatte er die wunderliche Idee, den Rat Franz von Löher ins Staatsarchiv zu schicken: er sollte ein Land suchen, in dem er nach seinem Gutdünken hätte herrschen können, als absoluter Souverän, keinerlei Verfassungsregeln unterworfen. Dem Beamten bot es Gelegenheit, eine schöne Reise zu machen und die Kanarischen Inseln, Zypern, Kreta und die Krim zu besuchen. Er kam, wie nicht anders zu erwarten, unverrichteter Dinge zurück, und Ludwig II. mußte sich weiter mit seinem braven Bayern zufriedengeben. Mittlerweile hatte er sich jedoch in die Geschichte der Bourbonen versenkt und war durchdrungen von der Ideologie des Ancien régime. Mehr denn je betrachtete er sich als einen König von Gottes Gnaden, und niemand hätte ihm fortan von einer Abdankung sprechen können. Noch mußte er seine Pflichten erfüllen ...

Wilhelm I. von Hohenzollern, König von Preußen und deutscher Kaiser.

Rechts: Elisabeth von Österreich. Sie war vielleicht als einziger Mensch imstande, Ludwig II. zu verstehen. »Haben Sie nicht bemerkt, daß bei Shakespeare die Wahnsinnigen die einzigen Vernünftigen sind? So weiß man im Leben nicht, wo die Vernunft und der Wahnsinn sich finden.«.

In den ersten Jahren nach dem Krieg widmete sich Ludwig diesen Pflichten noch von Zeit zu Zeit. Er empfing in seinem Schloß Hohenschwangau Kaiser Wilhelm, der von seiner alljährlichen Kur in Bad Gastein nach Berlin zurückkehrte. Freilich steht Ludwigs Haltung sehr im Gegensatz zu der des alten Herrschers, der immer liebenswürdig und natürlich war. Ludwig hingegen zeigte sich sehr reserviert, sah niemandem in die Augen, begann ein langes Gespräch mit einer Hofdame seiner Mutter, ging allein auf einen Balkon, um den Mond zu betrachten. Dennoch, die Geste der Gastfreundschaft, die man von ihm erwartete, war gemacht.

Im Jahr 1875 nahm er die Parade von vierzehntausend Mann Elitetruppen ab. Der Feierlichkeit wohnten alle Prinzen seines Hauses bei. Die Erscheinung des Königs in großer, azurblau-silberner Marschallsuniform erregte einen wahren Begeisterungstaumel.

Im selben Jahr erneuerte er seine Beziehungen zu Elisabeth von Österreich. Die Kaiserin hatte ihm schon lange den Bruch der Verlobung mit ihrer Schwester verziehen. Diese Frau, von einer unvergleichlichen Schönheit und Empfindsamkeit, war vielleicht als einziger Mensch imstande, ihn zu verstehen. Schrieb sie doch einmal: »Haben Sie nicht bemerkt, daß bei Shakespeare die Wahnsinnigen die einzigen Vernünftigen sind? So weiß man im Leben nicht, wo die Vernunft und der Wahnsinn sich finden, so wie man auch nicht weiß, ob die Realität der Traum oder der Traum die Wirklichkeit ist.« Oder weiter: »In Gödöllö ist ein Baum, der mein bester Freund in dieser Welt ist. Jedesmal, wenn ich hinkomme und bevor ich abreise, gehe ich zu ihm, und wir blicken uns einige Minuten schweigend an. Er ist der Vertraute meines Lebens, er weiß alles, was in mir ist und was in der Zwischenzeit geschieht, solange wir von einander entfernt sind; er wird es auch niemandem sagen.« Entsprach das nicht genau der Einstellung Ludwigs II., dem es ebenfalls gefiel, seinen Hut vor bestimmten Bäumen zu ziehen und sie von seinen Dienern grüßen zu lassen?

Kaum hatte Elisabeth ihren Familiensitz Possenhofen erreicht, als sich Ludwig, am gegenüberliegenden Seeufer wohnend, auch schon beeilte, ihr ein Stelldichein auf der Roseninsel zu geben. Sie verbrachten lange Stunden dort und lasen Gedichte von Schiller. Der König erzählte ihr von den Separatvorstellungen, die er in seinem Theater in der Residenz vorbereiten ließ, und von einem Stück aus der Epoche Ludwigs XIV., in dem eine von Jägern geführte echte Hundemeute auf die Bühne kommen sollte. Elisabeth war zu intelligent, um nicht über den Zustand des Herrschers beunruhigt zu sein. Sie fand, daß er dick geworden war, gedunsen, äußerst nervös, und sie wußte nicht, wie sie sich seinen Aufmerksamkeiten entziehen sollte.

Unten die Unterschrift des Herrschers auf einem am 13. Dezember 1877 auf Hohenschwangau ausgestellten Dokument.

Dennoch wird die Freundschaft wiederaufgenommen. Ludwig kündigt seine Anwesenheit auf der Insel an, indem er Raketen steigen läßt. Er unternimmt auf seiner Jacht »Tristan« Mondscheinfahrten mit Elisabeth, die sich bis zum Morgengrauen ausdehnen. Wenn sie einander nicht treffen, hinterlassen sie in einem Schreibtischchen Botschaften füreinander, die »An den Adler« und »An die Taube« gerichtet sind.

In der Nacht vor der Abreise der Kaiserin wird ihre Hofdame, die Gräfin Festetics, in aller Eile geweckt: Ein Adjutant des Königs übergibt ihr einen für die Kaiserin bestimmten Strauß von hundert Rosen, von weiß bis zum dunkelsten Rot. Am nächsten Tag macht es große Mühe, diesen Riesenstrauß in das Abteil zu bringen. Der König möchte seine Kusine ein Stück im Zug begleiten. Es gelingt nur schwer, ihn davon abzubringen, und man redet sich darauf aus, daß die Dogge der Kaiserin die Anwesenheit eines Fremden nicht dulde und Gefahr bestünde, daß sie Ludwig beiße. Elisabeth fährt allein ab, aber der schöne und »seltsam grausame Blick« Ludwigs II. wird sie noch lange verfolgen. Als sie nach Wien zurückkehrt, schreibt sie ihrem Sohn, Erzherzog Rudolf: »Ich habe unendliches Mitleid mit dem armen König.«

In dieser Zeit trat Ludwig II. paradoxerweise noch mit anderen Personen weiblichen Geschlechts in Kontakt. 1876 unterhielt er einen Briefwechsel mit der Schauspielerin Maria Dahn-Hausmann; er schüttete ihr sein Herz aus und nahm an ihren Familiensorgen Anteil. Er willigte ein, Elisabeth Ney, der Nachfahrin des berühmten Marschalls, zu einer Büste zu sitzen. Bald jedoch sollten Frauen für immer aus seinem Leben verschwinden.

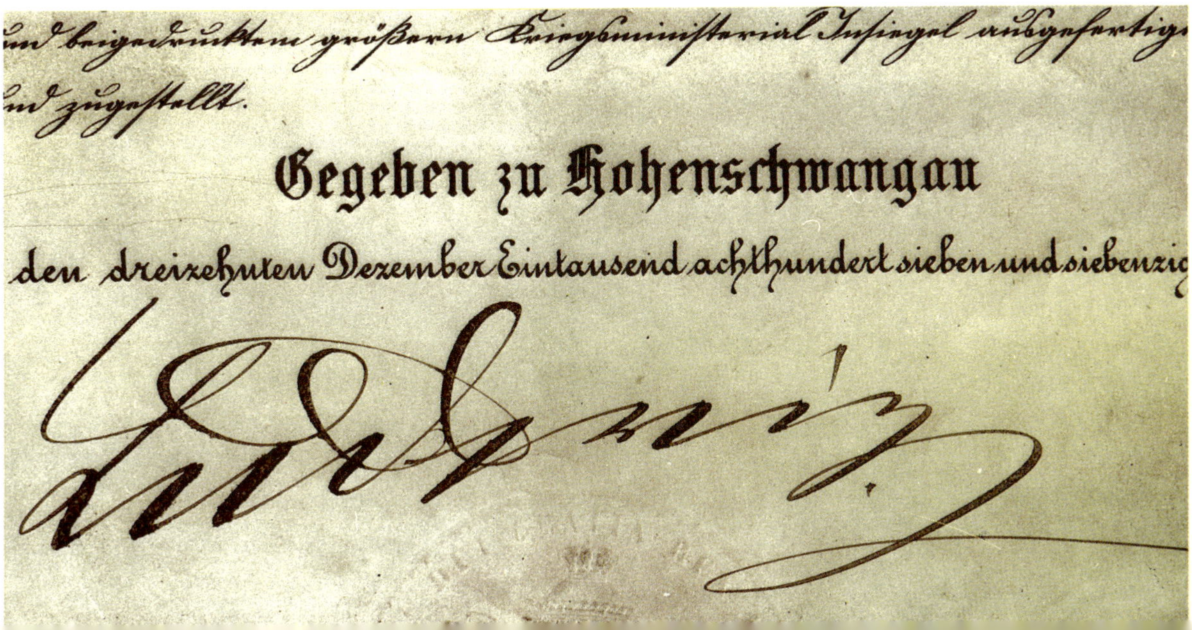

Blick auf Bayreuth. Das Festspielhaus. Schloß Ermitage. »Ludwig II. hat die alte Verstimmung vergessen und begibt sich zweimal nach Bayreuth«.

Ebenfalls vorübergehend nimmt er seine Beziehungen zu Wagner wieder auf. Mit Cosima verheiratet (die imstande gewesen war, ihre Scheidung durchzusetzen), hatte der Meister in der Zurückgezogenheit von Triebschen sein großes Werk, den »Ring des Nibelungen«, beenden können und war mehr denn je entschlossen, es in einem geeigneten Rahmen aufzuführen. Da von einem eigenen Theater in München keine Rede mehr war, wollte Wagner es nun in Bayreuth haben und legt eine Subskription auf gesamtnationaler Basis auf, die ihm die Verwirklichung seines Plans ermöglichen soll. Er kann mit der Großzügigkeit seines ehemaligen Gönners rechnen. Schon 1871 hat sich Ludwig mit fünfundsiebzigtausend Mark an der Subskription beteiligt; als sich der angesammelte Fond als nicht ausreichend erweist und Wagner schon fast auf seinen Traum verzichten will, eröffnet ihm der König einen neuen Kredit von dreihunderttausend Mark, rückzahlbar durch die für den Komponisten in München auflaufenden Tantiemen. Im Jahr 1876 ist das Festspielhaus von Bayreuth fertiggestellt. Ludwig II. hat die alte Verstimmung vergessen und begibt sich zweimal nach Bayreuth, um der Generalprobe und der Aufführung des Meisterwerks beizuwohnen.
Sein nur aus zwei Waggons bestehender Zug hält in der Nacht vom 5. zum 6. August auf freiem Feld vor der Hütte eines Waldhüters. Wagner ist da, in Frack und weißer Binde, um den hohen Gast zu empfangen, der seine Unzufriedenheit zu erkennen gibt, als er sieht, daß sich der Meister neben ihn in einen geschlossenen Wagen setzt, ohne dazu aufgefordert worden zu sein. Nach einer Trennung von acht Jahren finden die beiden außergewöhnlichen Menschen bald eine gemeinsame Sprache wieder.
Am nächsten Tag kann sich der König nicht entschließen, Wagner in dessen Villa Wahnfried

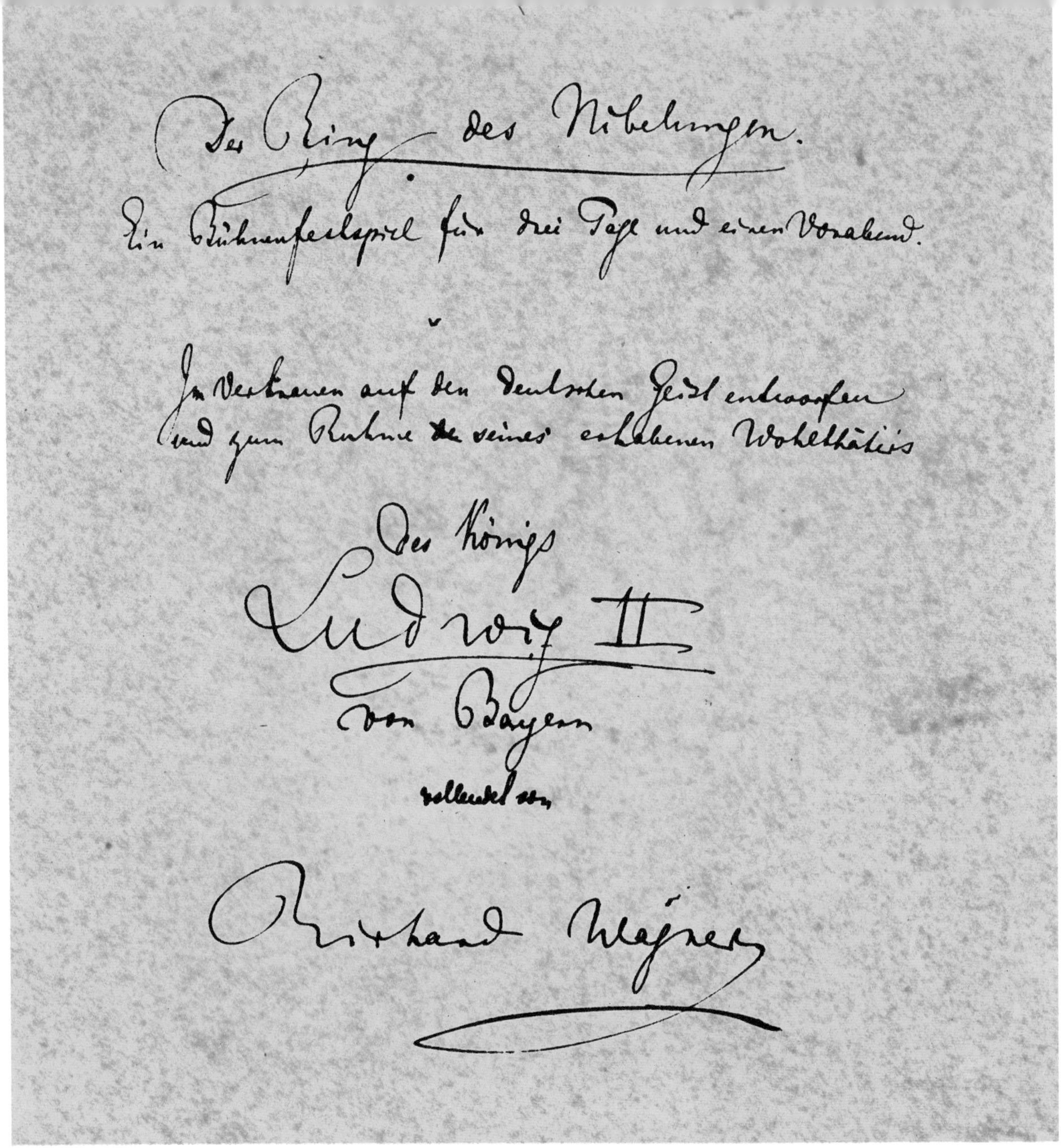
Der Ring des Nibelungen.
Ein Bühnenfestspiel für drei Tage und einen Vorabend.

Im Vertrauen auf den deutschen Geist entworfen
und zum Ruhme seines erhabenen Wohltäters

des Königs
Ludwig II
von Bayern
vollendet von

Richard Wagner

Eine dem König gewidmete Partitur der *Nibelungen*. Rechts die Villa Wahnfried, Wagners Wohnsitz in Bayreuth: »Am nächsten Tag kann sich der König nicht entschließen, Wagner zu besuchen, wahrscheinlich aus Angst, dort seiner alten Rivalin Cosima zu begegnen«. Wagner mit Cosima. Eine Szene aus den Nibelungen.

zu besuchen, wahrscheinlich aus Angst, dort seiner alten Rivalin Cosima zu begegnen. Am Abend wohnt er der Generalprobe von »Rheingold« vor einer leeren Halle bei ausgelöschten Lichtern bei. Er hatte sich auf Umwegen ins Theater begeben, um nicht mit der Menge zusammenzukommen, die sich in den Straßen angesammelt hatte. Dennoch ist er gezwungen, sich ihr am nächsten Tag bei der Wiederholungsprobe der »Walküre« zu stellen, weil man auf Verlangen Wagners das Publikum zugelassen hat.
Bei seinem nächsten Besuch vom 27. bis zum 30. August wird Ludwig von den gleichen besessenen Ovationen verfolgt. Der königliche Wagen durchquert die Stadt in höchster Geschwindigkeit, aber die Menschen sind von seiner Anwesenheit unterrichtet und bereiten ihm einen überschwenglichen Empfang. Dennoch fährt er ins Theater, wo er gezwungen ist, an der Logenbrüstung zu erscheinen, um die Hochrufe und das Beifallklatschen entgegenzunehmen. Er verläßt Bayreuth, auf die Lampionträger fluchend, die auf dem Weg vom Schloß Ermitage bis zu seinem Zug Spalier stehen. Wagner und der König sollten einander nie mehr wiedersehen.

»Eine weitere Passion des Königs sind seine Equipagen. Die Karossen sind jenen Kutschen ähnlich, in denen Frankreichs Könige von Paris nach Versailles fuhren . . .«.

DER EINZELGÄNGER

Im Laufe der nächsten Jahre wird das Dasein Ludwigs II. zu dem eines ausgesprochenen Einzelgängers. Es spielt sich nicht mehr bei Tag, sondern in der Nacht ab. Er nimmt sein Bad um sechs Uhr abends und läßt sich dann das Frühstück servieren. Er speist um ein, zwei Uhr nachts. Er nimmt sein Abendessen um sechs oder sieben Uhr morgens ein und geht um acht Uhr morgens schlafen. Ein Chefkoch und sechs Köche müssen die ganze Nacht arbeiten, um die acht bis neun Gänge zuzubereiten, die der König, ein starker Esser, zu jeder Mahlzeit zu sich nimmt und mit Champagner hinunterspült. Die Diener folgen ihm bei allen Ortsveränderungen, selbst in die Berghütten; wenn er den Zug nimmt, um ins Theater zu fahren, werden die Mahlzeiten während der Fahrt serviert.

Auch seine Streifzüge durch die Berge unternimmt er nachts. Die Menschen verachtet er, interessiert sich jedoch lebhaft für Pferde, deren er gut an die hundert besitzt. Seiner Lieblingsstute läßt er ein ganzes Diner servieren und unterhält sich köstlich, als das Tier die Porzellanteller voll saftiger Gerichte in Trümmer schlägt.

Eine weitere Passion des Königs sind seine Equipagen. Die Karossen sind jenen Kutschen ähnlich, in denen Frankreichs Könige von Paris nach Versailles fuhren, über und über geschnitzt und vergoldet, von einer Krone überragt, mit blauem Samt ausgeschlagen.

Im Winter werden die Karossen durch vergoldete Schlitten ersetzt: Nymphen halten Laternen hoch, Tritone schmücken den Hintersitz; die Pferde tragen Silberglöckchen; Kutscher und Piköre tragen Perücken und Livreen. In der Nacht reiten dem Zug Fackelträger voraus.

»Im Winter werden die Karossen durch vergoldete Schlitten ersetzt . . . In höllischem Tempo rasen die Karossen oder Schlitten allnächtlich im Dunkel oder bei Mondschein durch die Dörfer, Felder und Wälder . . .«

In höllischem Tempo rasen die Karossen oder Schlitten allnächtlich im Dunkel oder bei Mondschein durch die Dörfer, Felder und Wälder zu einsamen Hochgebirgspfaden; manchmal dringen sie bis über die Grenze Tirols vor, wo verschwiegene Hütten bereitstehen, um den geheimnisvollen Besucher aufzunehmen, der in einen schweren Zobelpelz gehüllt ist – ein Geschenk des Zaren – und ein Barett aus blauem Samt mit einem Reiherbusch und einem Diamanten trägt. Wenn die Dorfbewohner aus der Ferne die Hufschläge hören, wekken sie ihre Kinder, damit sie ihren »Kini« (König), den geliebten Herrscher, vorbeiziehen sehen. Die Kleinen erleben ihn in der Wirklichkeit so, wie ein König in ihren Märchen dargestellt wird, und sie bewahren bis zum Ende ihrer Tage eine unauslöschliche Erinnerung an ihn. Glücklicherweise wissen diese schlichten Menschen nichts von dem intimen Leben Ludwigs II. und seinen abnormalen Neigungen, die sich immer stärker entwickeln. Seine Vorliebe für schöne junge Männer wird immer betonter. Er vernarrt sich auch weiterhin in Künstler; 1874 bezeichnet er den Sänger Nachbaur als seinen »einzigen und besten Freund, von der gleichen Anhänglichkeit an das Erhabene beseelt«; während eines Spaziergangs im Mondschein drückt er seinem erstaunten Besucher einen Kuß auf die Stirn.

Der König mit dem Schauspieler Joseph Kainz. »fünfundzwanzig Jahre alt, ein Lockenkopf von dämonischer Schönheit«. — »Als Ludwig ihn zum erstenmal in der blauen Grotte des Linderhofs um zwei Uhr morgens empfängt (rechts) . . . behält er ihn zwei Tage lang als Gast bei sich und überhäuft ihn mit Kostbarkeiten«. Unten rechts die Rütliwiese in der Schweiz, wo es bald zum Bruch zwischen den beiden Männern kommen sollte.

EINE ESKAPADE IN DIE SCHWEIZ

Einige Jahre später, 1881, ist es ein anderer Künstler, der glänzende Darsteller des Ruy Blas und des Didier in »Marion Delorme«, der der neue Gegenstand seiner Schwärmerei wird. Joseph Kainz, sein Auserwählter, ist fünfundzwanzig Jahre alt, ein Lockenkopf von dämonischer Schönheit. Als Ludwig ihn zum erstenmal in der blauen Grotte des Linderhofs um zwei Uhr morgens empfängt, findet er ihn weniger eindrucksvoll als auf der Bühne, behält ihn jedoch zwei Tage lang als Gast bei sich und überhäuft ihn mit Kostbarkeiten: Uhren aus Lapislazuli, goldene Becher, Diamantenknöpfe. Impulsiv wie immer schlägt er seinem »Didier« vor, mit ihm nach Spanien oder Italien zu reisen. Schließlich einigt man sich auf die näher liegende Schweiz, und es werden zwei Pässe auf die Namen Marquis de Saverni und M. Didier ausgestellt.

Diese Eskapade scheint Ludwig II. nicht die ersehnte Befriedigung gebracht zu haben. Das Mißverständnis beginnt bereits bei der Durchfahrt durch einen Tunnel, als der König Kainz umarmt und ihn an sich drücken will. Man darf annehmen, daß die deutschen Schauspieler damals noch sehr naiv waren; der junge Mann versteht die Geste seines Gefährten nicht, sondern glaubt, dieser habe Angst vor der Dunkelheit, und zieht sich sehr förmlich zurück.

Es geht auch im Grand Hotel d'Axenstein nicht besser, wo Ludwig behauptet, es sei ihm zu lärmend. Man flüchtet in eine Villa, die durch einen Mittelsmann gemietet wurde; man fährt im Boot, auf den Spuren Wilhelm Tells über den ganzen See, und der gebildete Herrscher stellt fest, Schiller könne niemals die Schweiz besucht haben. Alles wird eines Abends auf dem Plateau des Rütli verdorben, wo Kainz nach einer langen Bergwanderung mit dem König zusammenkommt. Der Aufstieg, bei dem Kainz unterwegs viel getrunken hat, hat den Künstler erschöpft, und als ihn der König auffordert, die berühmte Szene des Rütlischwurs zu sprechen, wie er das schon so oft getan hat, weigert sich Kainz. Ludwig II. wird wütend, findet statt seines Didier nichts als einen »gewöhnlichen Komödianten« in ihm und schickt ihn auf der Stelle nach Deutschland zurück, wo Kainz eine ruhmreiche Laufbahn erwartet. Andere Schauspieler erleiden ein gleiches Geschick. Überhäuft mit Geschenken und Bildern mit eigenhändiger Unterschrift des Königs, steigt ihnen die Auszeichnung zu Kopf, weil sie meinen, zum Günstling aufgestiegen zu sein; nach einem ungeschickten Satz fallen sie plötzlich in Ungnade und müssen verschwinden.

Vertauschte Rollen im Vergleich zu der Fotografie auf der Seite 138 . . . Es folgten andere Künstler, doch »neben den Künstlern gewährte der König seine Gunst Männern aller Ränge«.

NEUE GÜNSTLINGE

Neben den Künstlern gewährte jedoch der König seine Gunst Männern aller Ränge. Als er einen Kabinettchef suchte, vernarrte er sich in das Bild eines Baron Hirschberg, den er sofort an seine Tafel lud. Der Anwärter auf den Posten erwies sich als intelligent und zurückhaltend. Als man ihm eine Villa und den Grafentitel antrug, gab er sich bescheiden mit einem Pferd als Geschenk und einer Ernennung in das Außenministerium zufrieden. Da er verheiratet war, lag ihm nichts an eigenartigen Freundschaften. Für den König war es geradezu ein Keulenschlag, als er sich während eines Soupers zu zweit von dem Baron sagen lassen mußte, die Anwesenheit dreier Adjutanten störten Hirschberg in keiner Weise. Daraufhin fand die Idylle ein jähes Ende.

Der Kavallerieoffizier Varicourt erregte die Neugierde des Königs durch seinen Namen, der in der bourbonischen Zeit vorkommt. Ludwig schrieb in sein Notizbuch: »Heil dem Träger eines solchen Namens!« Er lud ihn zum Souper ein und ließ sich Varicourts Familiengeschichte erzählen. Und wieder einmal gewinnen Reisemüdigkeit und vorzügliche Weine die Oberhand: der junge Mann schläft ein und schnarcht. »Varicourt, du schläfst bei deinem König!« rief Ludwig aus und sah ihn nie wieder.

Einzig der Form wegen sei noch der Name des Kabinettchefs von Ziegler genannt, eines hübschen jungen Mannes von lebhaftem Wesen. Ludwig beginnt ihn zu duzen, er bezeichnet ihn als »den besten aller Menschen«; er dichtet ihn an und schreibt ihm schwülstige Briefe, in denen er zum Beispiel erklärt: »Mein Herz schlägt für Sie, ich werde die göttlichen Stunden voll Poesie nie vergessen, die ich an Ihrer Seite erlebt habe.« Auch das wieder ist nur ein flüchtiges Abenteuer. Überanstrengung wird Ziegler bald zwingen, seinen Posten aufzugeben.

Seine besten Tröster sollte der König schließlich in viel weniger erlauchten Kreisen finden. Nachdem er nach langen Jahren enger Vertrautheit den Stallmeister Hornig weggeschickt hatte (weil dieser es unvorsichtigerweise gewagt hatte, das Pluralpronomen zu gebrauchen), ersetzte Ludwig den ihm ergebenen und diskreten Mann durch einen anderen Angestellten der Stallungen, den Marstallfurier und Feldwebel Hesselschwerdt. Dieser unterwürfige, wenig skrupelhafte Mann war bereit, sich allen Launen zu fügen. Er nimmt es auf sich, seinem Herrn junge Leute nach des Königs Geschmack zuzuführen, die er unter seinen Untergebenen oder in den Münchner Regimentern aussucht. Bald sieht man hübsche livrierte Chevau-légers auftauchen, und wenn sie nach einiger Zeit gehen, tragen sie zum Erstaunen ihrer Kameraden einen Ring mit einem herrlichen Brillanten am Finger.

Lange Zeit blieben alle diese Ausgefallenheiten, das ganze abnormale Verhalten des Königs tiefes Geheimnis. Von 1880 an wurden jedoch seltsame Gerüchte in der Münchner Gesellschaft verbreitet, und man fragte besorgt, ob König Ludwigs II. Torheiten nicht unheilverkündend sind.

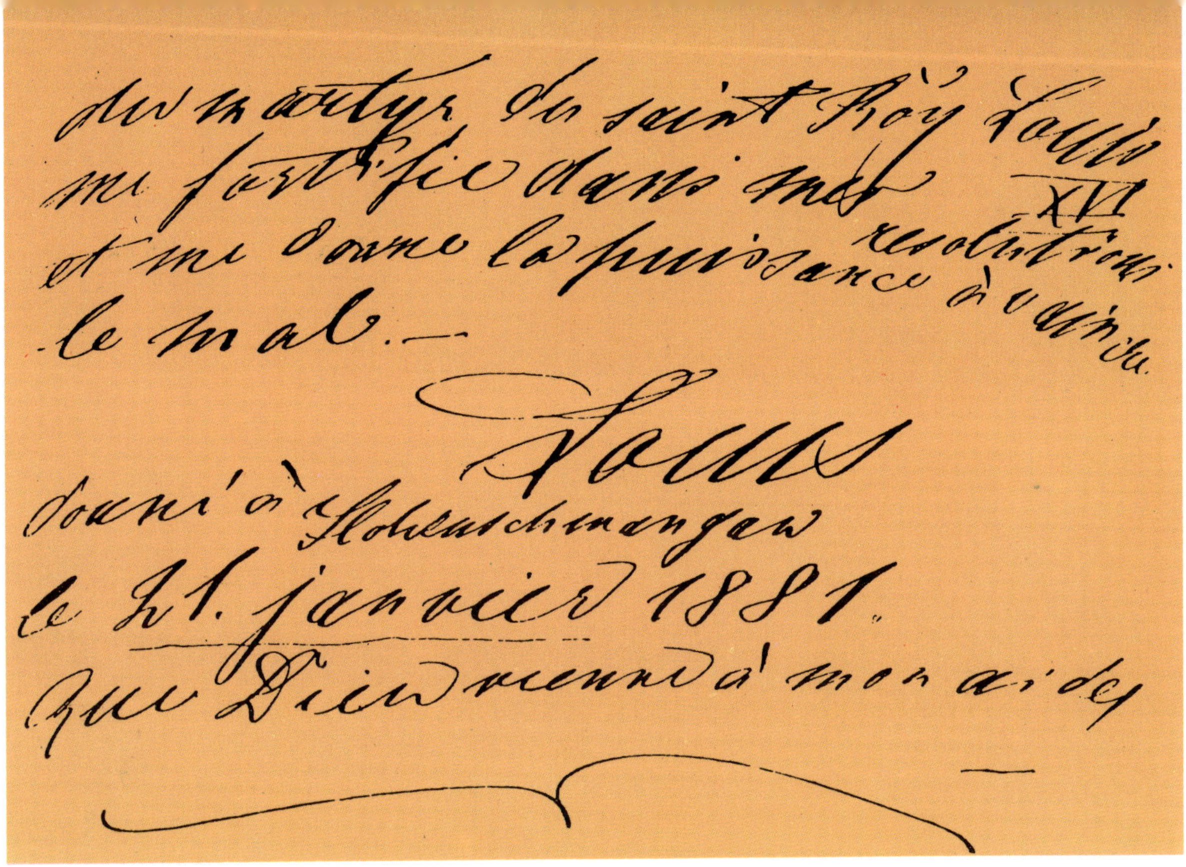
du martyr du saint Roy Louis XVI
me fortifie dans mes résolutions
et me donne la puissance à vaincre
le mal. —
Louis
donné à Hohenschwangau
le 21. janvier 1881.
Que Dieu vienne à mon aide —

WANN IST MAN VERRÜCKT?

War Ludwig II. wirklich geisteskrank? Es gibt noch heute zahlreiche Menschen, vor allem unter den Bayern, die es nicht glauben wollen. Jedes menschliche Wesen trägt ein Körnchen Wahnsinn in sich, und es ist selbst für einen Psychiater äußerst schwer, die Grenzen festzusetzen, die ein Mensch nicht überschreiten darf, will er als normal gelten.

Ende des 19. Jahrhunderts war die Wissenschaft dazu vollends nicht imstande. Die Psychiatrie stand erst in ihren Anfängen; ihre Verfahren waren einfältig und oft brutal; die Ärzte ließen sich stark von den Meinungen aus der Umgebung des angeblich Kranken beeinflussen; die Psychoanalyse war noch der Zukunft vorbehalten.

Das Schicksal Ludwigs II. hing von den Leuten ab, die sich für das Schicksal Bayerns verantwortlich fühlten. Die aus der Bürokratie oder den Diplomatenkreisen gewählten Minister waren insgesamt redliche Männer, äußerst gewissenhaft, aber bar aller Phantasie. Sie hätten sich einem nichtsnutzigen König, ja selbst einem Schattenkönig angepaßt, solange dessen Handlungen das einwandfreie Funktionieren des Verwaltungsapparats nicht gehemmt und keine finanziellen und materiellen Verwicklungen geschaffen hätten.

Daher wird sich das letzte Drama gerade auf diesem prosaischen Gebiet anbahnen. Die aufwendigen Ausgaben des Königs wurden immer größer. Kaum waren die großen Schlösser fertiggestellt, dachte er schon wieder an neue Bauten: an eine riesige gotische Burg auf dem Falkenstein, an einen chinesischen Palast am Plansee, an ein Schloß in byzantinischem Stil. Er wiederholte oft: »Wenn ich nicht mehr bauen dürfte, könnte ich nicht mehr leben.« Nach den zur Verfügung stehenden Dokumenten ist der Umfang der Verschuldung des unglücklichen Königs nur schwer genau abzuschätzen. Man spricht allgemein von fünfzehn Millionen Mark, aber bei Regelung seiner Hinterlassenschaft wurde die Zahl von sechsundzwanzig Millionen angenommen; man weiß ferner mit Sicherheit, daß er sich in einem seiner letzten Lebensjahre sechs Millionen geliehen hatte. Von unserer Zeit aus gesehen, die an zahlenmäßig viel höhere Transaktionen gewöhnt ist, könnte diese Bilanz keine echte Katastrophe für ein gekröntes Haupt darstellen, das immerhin über eine Zivilliste von fünf Millionen ver-

Links letzte Zeilen intimer, von Ludwig II. in Französisch abgefaßter Notizen, »Möge Gott mir helfen«.

Auf dieser Seite: Innenansicht der Frauenkirche in München. »Prinz Otto war einmal in der Karwoche entflohen, war in der Münchner Frauenkirche erschienen, hatte sich dem Erzbischof zu Füßen geworfen und ihm schreiend unzählige Sünden gebeichtet«.

fügte. Ludwig II. lebte jedoch in einem anderen Zeitalter und hatte es mit Beamten zu tun, die mit Pfennigen rechneten, weder für Schönheit noch für Luxus etwas übrig hatten und die über Beschluß eines Familienrats allzu verschwenderische Verwandte einsperren ließen. Sie und Ludwig sprachen keine gemeinsame Sprache. Sie waren bereit, ihren Monarchen für geistesgestört erklären zu lassen.

DIE GEISTESKRANKHEIT DES PRINZEN OTTO

Die Annahme, der König sei verrückt, mußte ihnen um so einleuchtender erscheinen, als Prinz Otto, der jüngere Bruder Ludwigs, bereits dem Irrsinn verfallen war. Dieser junge Mann, einst so voll Lebenskraft und Heiterkeit, litt an Halluzinationen und glaubte zur Hölle verdammt zu sein, weil er einmal im Zustand der Unwürdigkeit das Abendmahl empfangen hatte. Im Jahre 1873 hatte man es für nötig befunden, ihn zu isolieren und ihn einer wohlwollenden Überwachung im Schloß Nymphenburg zu unterwerfen. Er war ihr einmal in der Karwoche entflohen, war in der Münchner Frauenkirche erschienen, hatte sich dem Erzbischof zu Füßen geworfen und ihm schreiend unzählige Sünden gebeichtet. Nach diesem peinlichen Vorfall hatte man ihn unter strenger Überwachung im Schloß Fürstenried interniert, das er nie wieder verlassen sollte. Ludwig II. hatte sich immer geweigert, ihn zu besuchen. Man konnte sich fragen, ob den König nicht das gleiche Schicksal erwarte.
Mittlerweile begannen die Gläubiger den König zu bedrängen. Sie forderten Rückzahlung und Bürgschaften. Ludwig verlor den Kopf, begann nach allen Seiten Hilfe zu suchen und scheute auch nicht vor Wucherern und Finanziers recht mittelmäßigen Rufs zurück. Von einem Tag zum anderen stand die Regierung vor der Gefahr eines öffentlichen Skandals. Es wäre ihr nicht schwer gefallen, den Geldbeutel zu lockern, aber sie war nicht dazu bereit. Dennoch genügten weder die finanziellen Schwierigkeiten noch die abnormalen Neigungen des Königs, ihn abzusetzen. Im Lauf der Geschichte wurde noch nie ein Herrscher entthront, weil er Schulden machte oder sich in Gesellschaft von Knaben vergnügte. Es mußte ein besserer Grund gefunden werden.

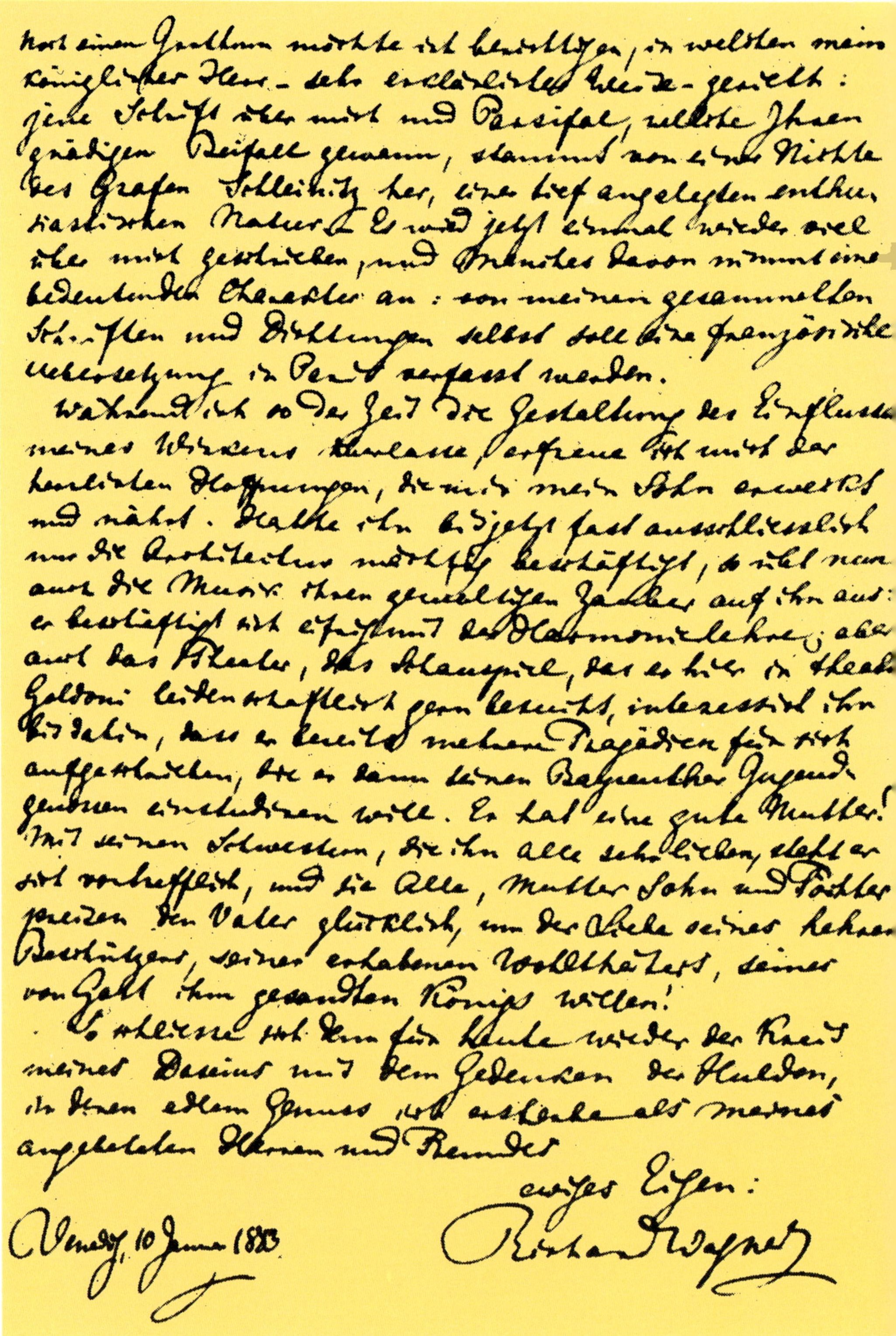

noch einen Gedanken möchte ich berichtigen, in welchem mein königlicher Herr – sehr erklärlicher Weise – geirrt: jene Schrift über mich und Parsifal, welche Ihren gnädigen Beifall gewann, stammt von einer Nichte des Grafen Schleinitz her, einer tief angelegten enthusiastischen Natur. – Es wird jetzt einmal wieder viel über mich geschrieben, und Manches davon nimmt einen bedeutenden Charakter an: von meinen gesammelten Schriften und Dichtungen selbst soll eine französische Uebersetzung in Paris verfasst werden.

Während ich so der Zeit die Gestaltung des Einflusses meines Wirkens überlasse, erfreue ich mich der herrlichen Hoffnungen, die mir mein Sohn erweckt und nährt. Hatte ihn bis jetzt fast ausschliesslich nur die Architectur mächtig beschäftigt, so übt nun auch die Musik ihren gewaltigen Zauber auf ihn aus: er beschäftigt sich eifrigst mit der Harmonielehre; aber auch das Theater, das Schauspiel, das er hier im theatro Goldoni leidenschaftlich gern besucht, interessirt ihn bis dahin, dass er bereits mehrere Tragödien für sich aufgeschrieben, die er dann seinen Bayreuther Jugendgenossen einstudieren will. Er hat eine gute Mutter! Mit seinen Schwestern, die ihn alle sehr lieben, steht er sich vortrefflich, und sie Alle, Mutter Sohn und Töchter preisen den Vater glücklich, um der Obhut seines hehren Beschützers, seines erhabenen Wohlthäters, seines von Gott ihm gesandten Königs willen!

So schliesse ich denn für heute wieder den Kreis meines Daseins mit dem Gedenken der Hulden, in deren edlem Genuss ich erkenne als meines angebeteten Herrn und Freundes

ewiges Eigen:

Venedig, 10 Januar 1883.

Richard Wagner

Wagner vor seinem Flügel. Oben ein Brief des Komponisten, geschrieben in Venedig, am 10. Januar 1883.

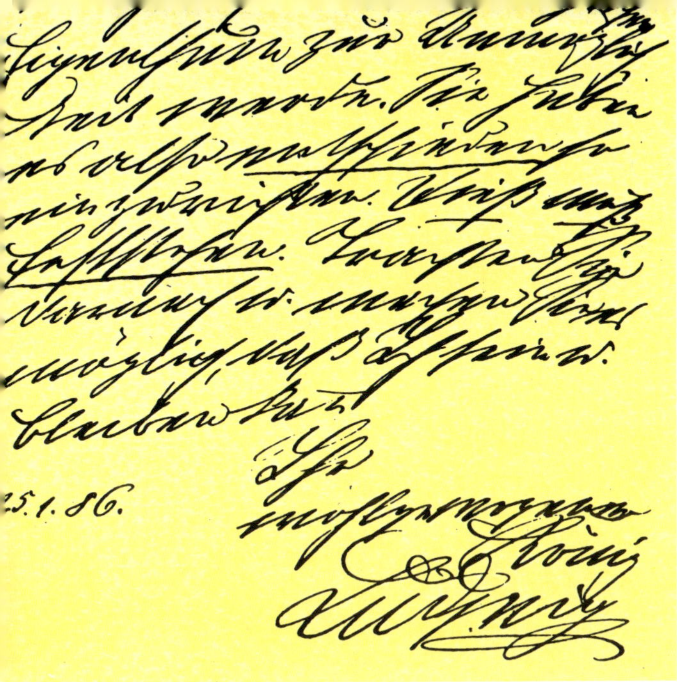

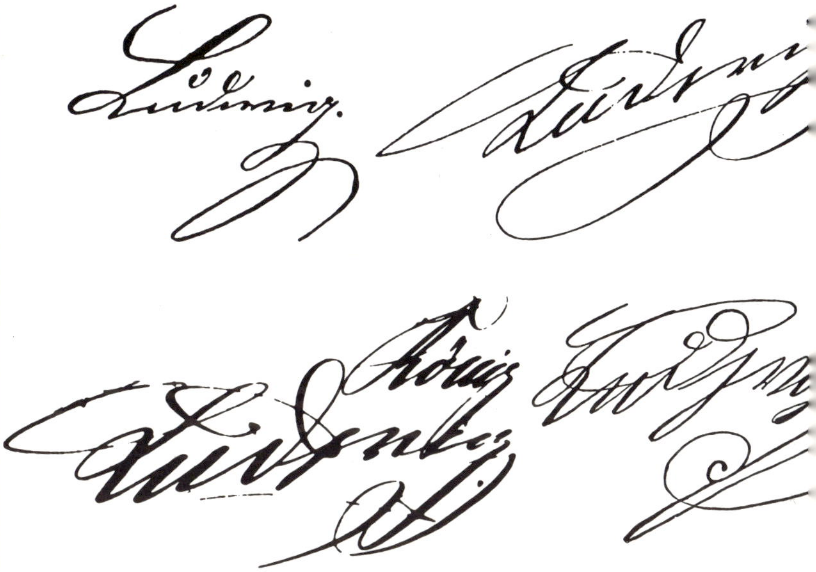

UNHEIMLICHE ATMOSPHÄRE

Graf Holnstein dürfte der erste gewesen sein, der den führenden Kreisen Münchens genaue Auskünfte über die unheimliche Atmosphäre lieferte, die in den königlichen Wohnsitzen zu herrschen begann. Hesselschwerdt, die Angestellten und Lakaien, die dem Oberststallmeister unterstellt waren, hielten ihn über alles, was vorging, auf dem laufenden und fügten wohl häufig noch Produkte ihrer Phantasie hinzu.

Man erfuhr demnach Bestürzendes. Der König, wurde behauptet, untersagte den Kammerdienern, sich ihm über eine bestimmte Entfernung hinaus zu nähern. Nachdem er das chinesische Hofprotokoll studiert hatte, wollte er, daß sie sich vor ihm niederwarfen, niederknieten oder sich lang auf dem Boden ausstreckten. Er wollte einen Lakaien im Narrenkostüm auf einem Esel herumführen lassen. Einem anderen hatte er verboten, ohne Maske vor ihm zu erscheinen; ein dritter mußte ein Wachssiegel auf der Stirn tragen. Namen von Leuten, die sein Mißfallen erregt hatten, durften nicht anders als mit einer Ziffer oder ihren Anfangsbuchstaben erwähnt werden.

Man erzählte weiter, Ludwig II. führe Selbstgespräche, breche plötzlich in Lachen aus und beginne zu tanzen und habe die Absicht geäußert, Kronprinz Friedrich durch Banditen entführen und ihn foltern zu lassen.

Sein Mißtrauen, erzählte man, wachse und erstrecke sich auf seine Verwandten, Diener und Ärzte. Aus Furcht vor Verfolgung durch Sozialisten und Anarchisten dachte er angeblich daran, einen Geheimbund zur Bespitzelung des Volkes und zur Einführung des Absolutismus zu schaffen, eine kleine Bastille zu errichten und hätte bereits das Einverständnis eines Leutnants gewonnen, der ihm eine Villa am Ufer eines Sees zur Verfügung stellen wollte.

Es ist nicht festzustellen, was an all diesem Gerede stimmte, aber bei den Ministern trafen ständig Boten mit königlichen Befehlen ein, die nach Diktat von der ungeübten Hand eines Domestiken gekritzelt waren. Die Staatsdiener wußten um den wachsenden Einfluß des intriganten Hesselschwerdt, der dem König Anwärter auf Ministerposten vorschlug; in seiner Umgebung wurde Hesselschwerdt bereits spöttisch »der Herr Kanzler« genannt.

Es gab noch ein Symptom, das nicht trog. Zusammengelesene Zettel ließen an der Handschrift feststellen, wie weit es mit der Geistesverfassung des Königs bergab ging. Ehemals waren die Buchstaben klein und säuberlich ausgerichtet aufs Papier gesetzt gewesen; jetzt waren sie zu einem wirren Durcheinander und trotz ihrer übermäßigen Größe fast unleserlich geworden.

Letzte Zeilen eines von Ludwig II. in seinem Todesjahr, am 25. Januar 1886, geschriebenen Briefs. Die Entwicklung seiner Unterschrift.

Graf Holnstein »dürfte der erste gewesen sein, der den führenden Kreisen Münchens genaue Auskünfte über die unheimliche Atmosphäre lieferte, die in den königlichen Wohnsitzen zu herrschen begann . . . Man erfuhr demnach Bestürzendes«.

Unten der Schwanenrittersaal von Hohenschwangau.

Während sich die leitenden Kreise Münchens befleißigten, diese Zeugnisse und Fetzen königlicher Handschreiben zu sammeln (die, wie später einmal Bismarck sagte, aus Papierkörben und auf Toiletten zusammengesucht wurden), wuchs die finanzielle Verlegenheit des Königs weiterhin an. Finanzminister von Riedel hatte es übernommen, für seinen Herrscher siebeneinhalb Millionen Mark auszuhandeln. Als jedoch der König im darauffolgenden Jahr weitere sechs Millionen von ihm verlangte, hielt er sich für gezwungen, seine Demission anzubieten, die übrigens nicht angenommen wurde. In den ersten Monaten des Jahres 1886, als Ludwig eine Pfändung in seinen Schlössern fürchtete, verlangte er vom Innenminister, daß sämtlicher königliche Besitz für unpfändbar erklärt werde. Der Minister antwortete, er würde es um der Ehre der Krone willen nicht wagen, der Kammer einen derartigen Plan vorzulegen. Ludwig schrieb ihm dennoch, wenn es nicht gelänge, die nötige Summe aufzutreiben, um eine Beschlagnahme seines Eigentums zu verhindern, würde ihm dies zeigen, daß ihm nichts übrigbliebe, als sich umzubringen oder sofort und für immer das elende Land zu verlassen, in dem so etwas vorkommen könne.

Die Minister machten sich jedoch nichts daraus. Am 5. Mai verfaßten sie eine Bittschrift an ihren Herrscher, seine Ausgaben einzustellen und an das Königreich und die Dynastie zu

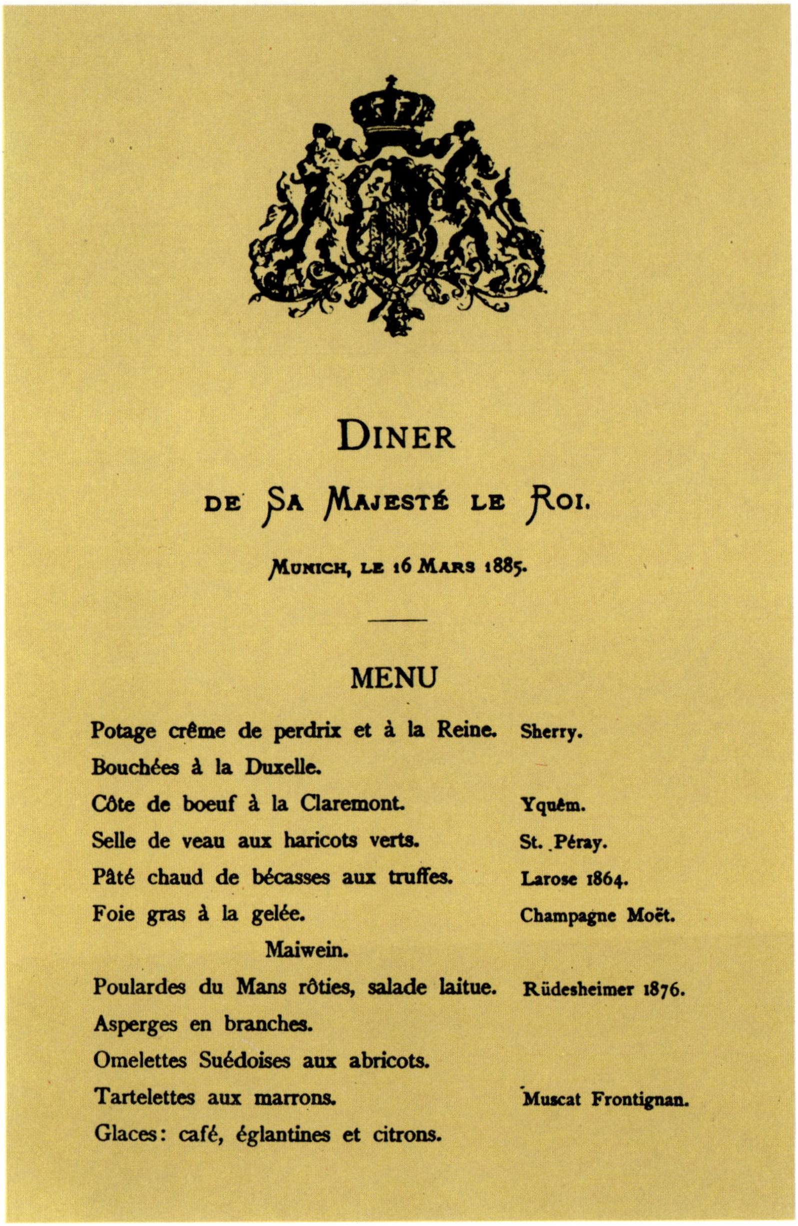

DINER

DE SA MAJESTÉ LE ROI.

MUNICH, LE 16 MARS 1885.

MENU

Potage crême de perdrix et à la Reine.	Sherry.
Bouchées à la Duxelle.	
Côte de boeuf à la Claremont.	Yquêm.
Selle de veau aux haricots verts.	St. Péray.
Pâté chaud de bécasses aux truffes.	Larose 1864.
Foie gras à la gelée.	Champagne Moët.
Maiwein.	
Poulardes du Mans rôties, salade laitue.	Rüdesheimer 1876.
Asperges en branches.	
Omelettes Suédoises aux abricots.	
Tartelettes aux marrons.	Muscat Frontignan.
Glaces: café, églantines et citrons.	

Links ein Saal in der Münchner Residenz. Rechts Speisekarte eines königlichen Diners vom 16. März 1885.

denken. Die Antwort Ludwigs II. ließ nicht auf sich warten; er mokierte sich ganz offen über diese hohen Persönlichkeiten, kündigte ihnen seine Absicht an, ein neues Kabinett zu bilden, dessen Chef der Friseur Hope, der Intendant Hesselschwerdt, Köche und Bereiter dessen Mitglieder werden sollten. Die Minister schluckten die Pille, blieben jedoch weiter wachsam: sie waren überzeugt, daß weitere Vorfälle nicht auf sich warten lassen würden.
Die Hetzjagd auf Ludwig geht los. Er fühlt sich bespitzelt, bewacht, von allen verlassen. Er muß an das Unglück seines Bruders denken und fürchtet, daß man ihn das gleiche Schicksal erleiden läßt, wenn es ihm nicht gelingt, seine Gläubiger loszuwerden. In seiner Not greift er zu einem verzweifelten Mittel: Da er keine Unterstützung bei seinen eigenen Untertanen findet, wird er Kredite im Ausland suchen. Von einer wahren Panik ergriffen, schreibt er an Kaiser Franz Joseph, den König von Schweden, den Schah von Persien . . .
Hesselschwerdt ist etwas Besseres eingefallen: Warum nicht von Rothschild und dem für seinen Reichtum berühmten Chef des Hauses Orleans Kredit erbitten? In München werden diesbezügliche Gespräche mit mehr oder weniger fragwürdigen Mittelsmännern geführt. Die Regierung fängt die Briefe dank der verräterischen Mithilfe desselben Hesselschwerdt ab und erfährt, daß der König bereit ist, Pariser Bankiers gegen eine Anleihe von vierzig Millionen Francs die Familiendomänen der Wittelsbacher mit vier Prozent zu verpfänden und sich dem Grafen von Paris zu verpflichten, die Neutralität Bayerns zu verbürgen.

DER URTEILSSPRUCH DER FAKULTÄT

Endlich ist der Vorwand für eine Absetzung gefunden. Man kann einen Mann, der auf dem Sprung ist, seine Dynastie zu ruinieren und das Deutsche Reich zu verraten, nicht länger herrschen lassen. Die Minister hätten sich allerdings fragen können, ob der verfassungsmäßige Staatschef überhaupt in der Lage sei, seine Versprechungen ohne Zustimmung seiner Magnaten und Billigung der Kammer zu halten.

Höchst geheim beginnt man alsbald die Köpfe zusammenzustecken. Die Minister halten Besprechungen mit dem Onkel des Königs, Prinz Luitpold, ab, dem sie die Regentschaft übertragen wollen; sie suchen die übrigen Mitglieder der königlichen Familie und die einflußreichsten Abgeordneten des Parlaments auf; sie entfesseln eine Pressekampagne und wenden sich schließlich an die Universität. Das Schicksal Ludwigs II. liegt fortan in den Händen einiger Irrenärzte, und diese zögern nicht, ihr Urteil zu fällen. Der König, von einer unheilbaren Geisteskrankheit befallen, sei unfähig, weiter an der Macht zu bleiben.

Man hat im nachhinein viel über dieses Urteil geschrieben und es strenger Kritik unterzogen. Die Zeitgenossen bezeugen uns, daß Dr. Gudden, Direktor der Münchner Irrenanstalt und Hauptverantwortlicher für das Verdikt, sehr gelehrt, gewissenhaft und menschlich gewesen sei. Er war jedoch der geradezu vollkommene Typ des reinen Praktikers, pedantisch, durchdrungen von seinem Wissen und bar allen Taktgefühls. Man hatte ihm die Aussagen der von Hesselschwerdt gekauften Domestiken vorgelegt, es jedoch für unnötig gefunden, der Kommission zur Kenntnis zu bringen, daß es auch andere Zeugnisse und Dokumente gab,

Prinz Luitpold, ein Onkel des Königs, der nach dem Tod Ludwigs II. Prinzregent wurde.

wie etwa die Sammlung mehrerer vom König diktierten oder selbst geschriebenen Papiere, die keine Spur einer Geisteskrankheit tragen. Hat doch Bismarck selbst in der Folge gesagt, die Welt würde ihr Urteil über Ludwig II. ändern, wenn sie nicht einzig bei seinen Bauten verweilte, sondern seine politische Korrespondenz kennen würde.

Das Überraschendste an dieser ganzen Angelegenheit ist, daß die Mitglieder der Kommission es nicht für nötig befanden, den Kranken zu untersuchen: die Mehrzahl von ihnen hatte ihn sogar nie mit eigenen Augen gesehen. Man darf annehmen, daß sie unter Druck standen und glaubten, im Staatsinteresse zu handeln. Sicherlich war Ludwig II. ein Sonderling, überspannt, unausgeglichen, geistig nicht völlig gesund. Er war jedoch ein harmloses Wesen, das niemandem wehtat, nicht einmal seinen Gläubigern, die riesige Zinsen nahmen, und seine Drohungen, den einen oder anderen Diener köpfen zu lassen, können als Aussprüche in aufwallendem Zorn gedeutet werden: wahrgemacht wurde keine einzige. Vielleicht hätte man ihn auf finanziellem Gebiet unter eine gewisse Vormundschaft stellen müssen, aber von da bis zur Zwangsjacke ist noch ein weiter Weg. Ein einziger Umstand spricht gegen ihn: durchdrungen von seiner Würde, hätte er niemals zugelassen, in seinen Handlungen beschnitten zu werden; in dieser Beziehung konnte man ihn tatsächlich als unheilbar betrachten . . .

Wie dem auch gewesen sein mag, die Expertise der Ärzte ließ der Regierung freie Hand. Sie mußte nur noch eine Proklamation verfassen, um dem Volk die Regentschaft des Prinzen Luitpold mitzuteilen, und dann zur Internierung des »paranoischen Königs« zu schreiten. Dazu schritt sie denn auch unverzüglich – auf die ungeschickteste, brutalste Weise.

Leuchter im Thronsaal des Schlosses Neuschwanstein. Rechts der König im Gewand eines Großmeisters des Sankt-Georg-Ordens.

DER KÖNIG SOLL INTERNIERT WERDEN

Am 9. Juni 1886 befand sich König Ludwig II. mit seinem letzten Günstling, dem Chevau-léger Alphons Welcker, auf Neuschwanstein. Ludwig war soeben niedergeschlagen, sichtlich krank, vom Linderhof kommend, eingetroffen, war jedoch weit davon entfernt, den Verrat seiner engsten Umgebung und das in München angezettelte Komplott zu ahnen. Am Abend ging er in einem von Hunderten Kerzen erleuchteten Saal auf und ab, deklamierte Gedichte und bereitete sich auf die rituelle nächtliche Spazierfahrt vor. In diesem Augenblick meldete man ihm die kurz bevorstehende Ankunft einer von der Regierung entsandten Delegation.

Diese offizielle Abordnung war auf die ungeschickteste Art zusammengesetzt. Würdenträger in Galauniform mit ordensbedeckter Brust: Freiherr von Crailsheim, Staatsminister für Auswärtiges; Graf Holnstein, Oberststallmeister des Hofs; Graf Toerring, Staatsrat; Oberstleutnant Baron Washington, einer der wenigen Freunde Ludwigs II. aus der Kindheit, und schließlich einige zweitrangige Beamte. Hinter ihnen halten sich vorläufig noch bescheiden Dr. von Gudden, dessen Assistent Dr. Müller und vier Irrenärzte im Hintergrund. Alle diese Herren, über die Ortsveränderung des Königs schlecht unterrichtet, waren zum Schloß Hohenschwangau gefahren. Dort hatten sie sich aufgehalten, um zu beraten und auf die Ankunft ihrer Galauniformen zu warten, die sie durch die Post nachkommen ließen. Um sich Mut zu machen, hatten sie sich ein üppiges Souper servieren lassen und es mit vierzig Liter Bier und zehn Flaschen Champagner hinuntergespült. Ein treuer Diener des Königs, der Kutscher Osterholzer, hatte einige Brocken ihres Gesprächs aufgefangen und von Graf Holnstein persönlich in Voraussicht einer nächtlichen Ortsveränderung den Befehl erhalten, die Pferde angespannt zu lassen. Osterholzer war nach Neuschwanstein geprescht, um seinen Herrscher zu unterrichten, was sich gegen ihn zusammenbraute. Ludwig wollte es nicht glauben; er war noch immer überzeugt, daß ihn im Fall einer Gefahr Hesselschwerdt benachrichtigt hätte. Dennoch war die Dienerschaft und die Gendarmerie über seinen Befehl in Alarmbereitschaft gesetzt worden.

Als die goldbetreßten Abgesandten um vier Uhr morgens in strömendem Regen an den Toren von Neuschwanstein ankamen, fanden sie den Eingang von zwei berittenen und acht Gendarmen zu Fuß versperrt. Wachtmeister Heinz rief: »Keinen Schritt weiter, oder ich gebe Feuer!« Er ließ sich auch dann nicht erweichen, als man ihm die schriftlichen Vollmachten des Prinzen Luitpold vorwies. »Ich habe meine Befehle nur von meinem König entgegenzunehmen.« Die Gendarmen legten auf die Eindringlinge an.

Hier spielte sich eine Episode ab, die eines Shakespeareschen Dramas würdig gewesen wäre, bei dem sich so häufig komische Elemente mit dem Tragischen mischen. Eine alte grauhaarige Närrin, die Baronin Truchseß, die in der Umgebung des Schlosses auf Sommeraufenthalt weilte, taucht, von dem Aufruhr benachrichtigt, plötzlich auf. Sie bedroht die Gendarmen mit ihrem Regenschirm, verkündet dem Baron Crailsheim, sie werde nie wieder mit ihm vierhändig spielen, und es gelingt ihr, durch eine nur angelehnte Pforte in das Schloß einzudringen. Schreiend läuft sie durch die Gänge: »Ich werde meinen König, meinen Herrn, nicht verlassen!«

Inzwischen kommt eine erbitterte Menschenmenge über die Pfade des Tannenwaldes heran. Es sind ihrem Herrn treu ergebene Dorfbewohner, die ihm zu Hilfe eilen, alarmiert von weiß Gott wem. Vor ihrer drohenden Haltung klettern die eleganten Herren im Dreispitz in ihre Equipagen und kehren schleunigst nach Hohenschwangau zurück.

Ludwig II., aus einem kurzen Schlummer geweckt, zieht sich soeben an, als er ungewöhn-

Eines der letzten Bildnisse des Königs. » . . . daß man mich für irrsinnig erklärt hat, überlebe ich nicht«. Er setzt seine Streifzüge durch das Gebirge fort und hält sich in den Hütten, wie der von Linderhof (oben) auf, wo er »die Welt der Walküren heraufbeschwören« will.

lichen Lärm vernimmt. Baronin Truchseß hat sich den Eingang erzwungen, dringt in das Vorzimmer ein und verkündet dem König mit einem tiefen Hofknicks, sie sei gekommen, um ihn zu retten. Er hebt sie lächelnd auf und versucht sie zu beruhigen. Als er jedoch erfährt, daß sich Männer wie Holnstein, denen er so lange sein Vertrauen geschenkt hatte, unter den Abgesandten befinden, gerät er in höchste Wut, befiehlt, sie zu verhaften und ins Schloß zu bringen.

Gegen sechs Uhr morgens ist der Befehl ausgeführt. Die Abordnung nimmt zum zweitenmal den Serpentinenweg, der nach Neuschwanstein hinaufführt. Als sie ankommt, trifft sie auf die Menschenmenge, die noch größer und noch drohender geworden ist; Feuerwehrleute und Soldaten auf Urlaub haben sich ihr angeschlossen. Ein Chevau-léger tritt auf die Abgesandten des Prinzregenten zu, bemächtigt sich ihrer und führt sie in Kerkerzellen ab. Tatsächlich hatte Ludwig II., außer sich, befohlen, sie in die Burgverliese zu werfen. Er wollte die Verräter sogar auspeitschen lassen, und ein Lakai nach dem anderen kam gelaufen, um andere, noch grausamere Befehle zu überbringen. Niemand nahm sie ernst, aber die Mitglieder der Kommission begannen doch um ihr Leben zu zittern. Sie dürften sehr erleichtert aufgeatmet haben, als gegen Mittag die Überwachung nachließ und die Menge sich zerstreute. Sie profitierten davon, schlängelten sich nacheinander aus dem Schloß und stiegen ins Tal hinunter, wo sie Wagen fanden, die sie in höchster Eile zum nächsten Bahnhof brachten. Es blieb ihnen nichts übrig, als kläglich den Zug nach München zu nehmen.

MAXIMILIAN BAYERN

Links: der Eingang zum Schloß Hohenschwangau.

Die Herren der offiziellen Abordnung . . . »waren zum Schloß Hohenschwangau gefahren. Dort hatten sie sich aufgehalten, um zu beraten und auf die Ankunft ihrer Galauniformen zu warten, die sie durch die Post nachkommen ließen.«

Auf dieser Seite die letzte Fotoaufnahme des Königs.

DIE AUFLÖSUNG NAHT

Selbstverständlich konnte die Sache damit nicht ihr Bewenden haben. Die Regierung hatte ihre Befehle verhöhnt gesehen.

Ludwig II. war nicht mehr allein. Durch eine Depesche verständigt, war sein alter Flügeladjutant, Graf Dürckheim-Montmartin, mit verhängtem Zügel herbeigeprescht. Als Ordonnanzoffizier Arnulfs von Bayern hatte er 1880 diesen Prinzen zum Duell gefordert, weil er seiner Frau offen den Hof gemacht hatte. Ludwig II. hatte das Duell untersagt, den jungen Mann jedoch im Rang eines Obersten sich selbst zugeteilt. Dürckheim will jetzt bis zum äußersten gehen, um den Thron und die Freiheit seines Wohltäters zu verteidigen.

Ein Telegramm geht mit der Bitte um Rat an Fürst Bismarck. Der Kanzler antwortet sofort und schlägt dem König vor, sich persönlich in seine Hauptstadt zu begeben und seine Lage dem Landtag darzulegen; das Volk von Bayern wird seinen Herrscher nicht im Stich lassen. Aber Bismarck hat den König seit Jahren nicht mehr gesehen: er weiß nicht, wie sehr der Wille des Monarchen schon gelähmt ist. Ihm vorzuschlagen, vor eine Parlamentsversammlung hinzutreten, heißt Unmögliches verlangen.

Im Zuge seiner Schritte läßt Dürckheim eine Depesche zum Kaiser von Österreich über die Grenze bringen, um größerer Sicherheit willen durch Boten. Er läßt vom König eine Gegenproklamation unterzeichnen, die Prinz Luitpold zum Rebellen erklärt und ihn des Hochverrats beschuldigt. Er übermittelt dem Kommandanten eines Jägerbataillons den Befehl, sich zum Herrscher zu begeben. Alle diese Botschaften werden abgefangen, und Dürckheim wird vom Kriegsminister zweimal aufgefordert, nach München zurückzukehren. Ludwig hat nicht mehr genügend Energie, um zu reagieren: er läßt ihn sozusagen aus Dankbarkeit gehen, diesen Treuesten der Treuen, und anerkennt damit stillschweigend die Autorität der neuen Regierung. Bei seiner Ankunft am Bahnhof wird Dürckheim unter der Beschuldigung des Hochverrats verhaftet. Ludwig II. muß sich nun von allen verlassen, in jene Einsamkeit gestürzt, die er immer so glühend ersehnt hat, seinem Schicksal stellen.

Den ganzen Abend des 10. Juni lang irrt er durch die Korridore und Säle seines gotischen Schlosses. Wiederholt verlangt er von seinem Diener den Schlüssel zum großen Turm, aber dieser, seit langem von den Münchner Herren gewonnen und einen möglichen Selbstmord des Königs fürchtend, antwortet, der Schlüssel sei verlegt und nicht aufzufinden. Daraufhin verwickelt Ludwig den Chevau-léger Weber in ein langes Gespräch und fragt den jungen Bauern: »Glaubst du an eine Unsterblichkeit der Seele, an ein Jenseits, an eine Vergeltung?« und ruft aus: »Es muß eine Vergeltung geben; die hinter mir her sind, bleiben nicht unbestraft . . . Daß man mir die Krone nimmt, könnte ich verschmerzen, aber daß man mich für irrsinnig erklärt hat, überlebe ich nicht.«

Dr. von Gudden, Direktor der Münchner Irrenanstalt, »sehr gelehrt, gewissenhaft und menschlich ... jedoch der geradezu vollkommene Typ des reinen Praktikers, durchdrungen von seinem Wissen ...”

LUDWIG II. GEHT IN DIE FALLE

Kurz nach Mitternacht meldet ihm Mayr, es sei ihm gelungen, den Schlüssel zu finden. Der König ergreift ihn, geht durch die Gänge, öffnet die Tür zur Treppe des Turms und sieht sich plötzlich von einer Gruppe Unbekannter in dunkler Kleidung umringt. Der Rückzug ist ihm abgeschnitten, der König ist in der Falle. »Was wollt ihr von mir?« ruft er aus, während ihn die Wärter bereits an den Armen untergefaßt haben. Dr. von Gudden antwortet schonungslos: »Majestät, es ist die traurigste Aufgabe meines Lebens, die ich übernommen habe. Majestät sind von unseren Irrenärzten begutachtet worden, und nach deren Ausspruch hat Prinz Luitpold die Regentschaft übernommen. Ich habe den Befehl, Majestät ins Schloß Berg zu begleiten, und zwar noch in dieser Nacht. Wenn Majestät befehlen, wird der Wagen um vier Uhr vorfahren.«

Nach kurzem Schweigen kommt Ludwig II. zu sich. Er beginnt ein Gespräch mit Gudden und fragt ihn sehr scharfsinnig: »Wie können Sie mich für geisteskrank erklären? Sie haben mich ja vorher gar nicht angesehen und untersucht.« Der Irrenarzt ist jedoch zu keiner Diskussion bereit. »Majestät, das war nicht notwendig; das Aktenmaterial ist sehr reichhaltig und vollkommen beweisend, es ist geradezu erdrückend.«

Einige Stunden später, im Morgengrauen, läßt sich Ludwig ruhig zum Wagen führen, der ihn, mit einem Berittenen an jedem Wagenschlag, zum Schloß Berg bringt. Bei seiner Ankunft findet er die Erinnerungen an seine Jugendjahre vor, an seine Begegnungen mit Wagner. Er findet seine Schwäne und seine romantischen Malereien wieder. Aber der Wohnsitz ist bereits in eine private Irrenanstalt verwandelt, die Türen sind mit Gucklöchern versehen, vor den Fenstern sind Gitter eingelassen. Ludwig läßt sich nicht beeindrucken und gibt sich völlig ruhig. Vielleicht bereitet er sich schon darauf vor, seinen Wärtern einen Streich zu spielen. Er zeigt sich den Empfehlungen Guddens gefügig und fast so, als genieße er das Gespräch. Gudden beginnt zu glauben, daß er sich in seiner Diagnose geirrt habe.

DER KÖNIG VERSCHWINDET

Am nächsten Tag, dem 13. Juni, einem Pfingstsonntag, läßt der entthronte König Gudden holen; sie sind zu einem Spaziergang ohne Begleitung verabredet. Das Wetter ist unfreundlich, seit morgens gießt es. Die beiden mit Regenschirmen bewaffneten Männer begeben sich in eine Allee, die den See entlang führt, Professor Gudden, der förmlich einen Zylinder trägt, und neben ihm, ihn um Haupteslänge überragend, der König, in seinen langen schwarzen Mantel gehüllt; er trägt seine romantische Kopfbedeckung mit der Diamantenagraffe. Von

Blick auf Schloß Berg vom See aus. »Ludwig läßt sich ruhig zum Wagen führen, der ihn zum Schloß Berg bringt. Bei seiner Ankunft findet er die Erinnerungen an seine Jugendjahre vor. Aber der Wohnsitz ist verwandelt«.

diesem Augenblick an entschwindet er den Augen der Geschichte ...

Niemand hat je die Umstände seines Todes erfahren. Sein Spaziergang mit Gudden sollte eine Stunde dauern; als die Nacht hereinbricht, ist noch keiner von beiden zurückgekommen. Dr. Müller, der im Schloß geblieben ist, beginnt sich zu ängstigen. Zwei Gendarmen werden ausgeschickt, um die Spaziergänger zu suchen; das ganze Personal des Schlosses durchstöbert den Park. Endlich, um halb elf Uhr nachts, bringt ein Diener das Barett und die Diamantenagraffe des Königs: er hat beides soeben am Seeufer gefunden. Einige Augenblicke später findet man nicht weit von der Stelle den Hut des Arztes, dann die Jacke des Königs und schließlich einen Regenschirm. Ein Fischer, von Krankenwärtern begleitet, besteigt ein Boot. Man hört einen Schrei: das Ruder ist an einen Körper gestoßen, es ist der Ludwigs, in Hemdärmeln. Einige Meter weiter liegt ein zweiter Körper, derjenige Guddens. Man hebt sie nacheinander, beide steif, kalt, ohne Pulsschlag, in das Boot. Sie sind seit Stunden tot. Die Uhr des Königs ist um 6.54 Uhr stehengeblieben.

Wie sich das Drama abgespielt hat, wird man nie erfahren. Im Gesicht und am Hals Guddens fanden sich Kratzspuren, letztere vielleicht Würgespuren.

Was hat sich zwischen den beiden Männern abgespielt? Wollte sich der König ertränken oder wollte er fliehen? Man hat alle möglichen Hypothesen aufgestellt; die Fluchtversion erscheint als die unwahrscheinlichste. Es wurde von heimlichen Kontakten zwischen Dürckheim und der Kaiserin Elisabeth gesprochen, die eben in ihrem Schloß Possenhofen eingetroffen war; man munkelte sogar von einer von der Kaiserin entsandten Kalesche, die hinter dem Gitter ganz in der Nähe seines Parks auf Ludwig gewartet haben sollte. Bisher hat sich nichts an diesen Gerüchten bestätigt. Im Gegenteil, es erscheint viel wahrscheinlicher, daß sich Ludwig in verzweifelter Todessehnsucht plötzlich ins Wasser geworfen und dann versucht hat, sich von dem Professor loszureißen, der ihn zurückhalten wollte. In den eisigen Gewässern des Starnberger Sees, wo ihm einst im Mondschein der Schwan Lohengrins erschienen war, fand er die ewige Ruhe.

BAYERN IST BESTÜRZT

Man kann sich vorstellen, wie bestürzt Bayern und die ganze Welt von der Meldung dieses tragischen Endes war. Die leitenden Kreise Münchens hatten in ihrer Naivität geglaubt, ihr Herr werde sich wie ein einfacher Narr internieren lassen; die schlecht unterrichtete Gesellschaft erlitt einen heftigen Schock, und die Bauern sahen in ihrem geliebten Herrscher das Opfer einer von den Reichen und den Großen der Hauptstadt angezettelten dunklen Machination. Am verzweifeltsten war Kaiserin Elisabeth. Als sie tränenüberströmt über das

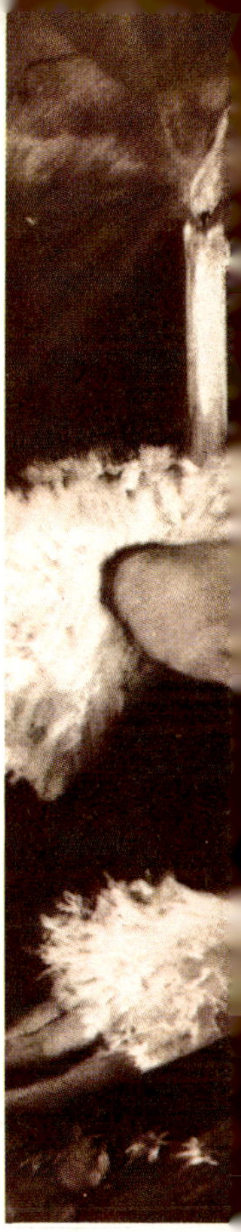

Die leblosen Körper des Königs und von Guddens werden aus dem Boot gehoben und am Ufer des Sees niedergelegt. Der Leichnam des Königs wird in der Kapelle der Residenz aufgebart. »Mit der rechten drückt er den Jasminzweig der Kaiserin Elisabeth an die Brust«. An der Stelle, wo das Drama sich abspielte, wurde im See ein Kreuz errichtet.

gräßliche Ereignis sprach, wiederholte sie unaufhörlich: »Der König war kein Narr, nur ein in Ideenwelten lebender Sonderling. Man hätte ihn mit mehr Schonung behandeln können und dadurch vielleicht ein so gräßliches Ende verhütet.« Und als ihre Mutter, Herzogin Ludovika, ihr widerspricht, ruft »die Taube« aus: »Ich wollte nur in Reue und Demut Gott für meine rebellischen Gedanken um Verzeihung bitten. Ich habe mir meinen Verstand wund gemacht über die unergründlichen Ratschlüsse Gottes, über Zeit, Ewigkeit und Vergeltung im Jenseits, und, müde vom fruchtlosen, sündigen Grübeln, will ich nun, sooft mir Zweifel kommen, in Demut sagen: ›Jehova, du bist groß! Du bist der Gott der Rache, du bist der Gott der Gnade, du bist der Gott der Weisheit!‹« Unfähig, sich vor der sterblichen Hülle ihres Vetters zu verneigen, muß sie sich damit zufriedengeben, einen Kranz und einen Blumenstrauß zu schicken, befiehlt jedoch, daß man Ludwig, bevor man ihn in den Sarg legt, einen Jasminzweig auf die Brust lege . . .

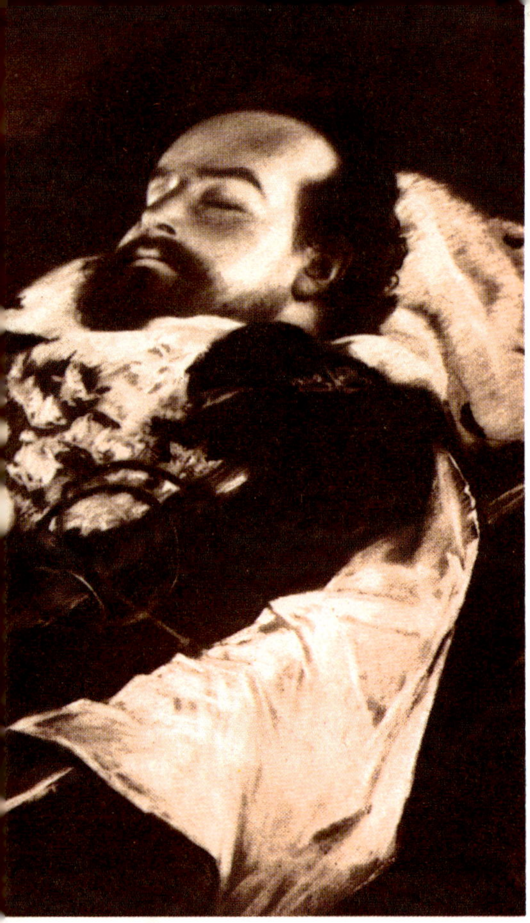

KÖNIG LUDWIG II. VON BAYERN

Der Trauerzug in den Straßen Münchens und die Trauerfeier in der Münchner Hauptkirche.

DIE TRAUERFEIERLICHKEITEN

Im Schloß Berg ist wieder Ruhe eingekehrt. Vor der in seinem Schlafzimmer aufgebahrten Leiche des Königs halten zwei Gendarmen Totenwache, während neben dem Sarg Guddens Krankenwärter stehen. Draußen grollt noch immer ein Gewitter. Weit dehnt sich der See, fast schwarz, vom Wind gepeitscht. In dieser düsteren Atmosphäre bereitet man sich auf die Trauerfeierlichkeiten vor.

Am 15. Juni, um drei Uhr morgens, kommt der Trauerzug in München an, wo der Sarg in der Kapelle der Residenz aufgestellt wird. Die Leiche des Königs ist in die schwarzsamtene Uniform des Großmeisters vom Orden des Hl. Hubert gekleidet und mit einem Hermelinmantel bedeckt. Der Hals ist mit der diamantenschimmernden Ordenskette geschmückt. In die linke Hand hat man Ludwig II. den Griff des Ordensdegens gelegt, mit der rechten drückt er den Jasminzweig der Kaiserin Elisabeth an die Brust. In roter Galauniform halten die Ritter des Heiligen Georg, mit Hellebarden bewaffnet, die Wache vor dem Baldachin, den die Krone Bayerns überragt.

Drei Tage lang ziehen unzählige Gruppen von Bauern, Fischern, Jägern, Holzfällern am Sarg vorbei, begleitet von ihren Frauen und Töchtern in ihren Trachten. Sie sind aus dem Gebirge herabgestiegen, um ihren Herrn zum letztenmal zu grüßen, und können den Blick nicht von seinem ihnen so vertrauten Gesicht losreißen. Viele von ihnen behaupten, man habe an Stelle des Königs eine Wachspuppe aufgebahrt, weil man ihn in die Verbannung geschickt habe.

DIE LEGENDE

Diese Legende vom Überleben Ludwigs II. hat sich generationenlang gehalten. Bis zum Vorabend des Zweiten Weltkriegs erzählte man sich noch in den Dörfern, der gute König lebe weiter, genauso wie Friedrich Barbarossa im Kyffhäuser, in den Felstiefen des Natternberges bei Deggendorf in Niederbayern. Er erscheine alle Jahre in der Morgendämmerung seines Namenstags, der auch sein Geburtstag ist. Mit traurigem Blick, die Haare und den langen Bart schlohweiß, gehe er über die Landstraße und frage den ersten, den er treffe. »Gehört Bayern noch immer den Preußen?« Man antwortet ihm ja. Da neigt er traurig den Kopf und kehrt wieder in seine Höhle zurück.

Der bayrische Löwe (Schloß Nymphenburg). Die Gedenkkreuze bei Schloß Berg und im See: hier verließ der König diese Welt, die so gar nicht für ihn geschaffen war.

CHRONOLOGIE

1845: 25. August, Ludwig von Bayern in München geboren.

1864: 25. März, Thronbesteigung Ludwigs II. nach dem Tod seines Vaters, König Maximilians. 4. Mai, erste Begegnung Ludwigs II. und Richard Wagners.

1865: 16. Juni, Erstaufführung von »Tristan und Isolde« im Königlichen Theater. 6. Dezember, Aufforderung an Wagner, München zu verlassen.

1866: 10. Mai, Ludwig unterzeichnet den Mobilisierungsbefehl gegen Preußen; 25. Juni, Truppenschau. 26. Juni, Unterzeichnung des Vorfriedens in Nikolsburg nach Niederlage der Österreicher bei Sadowa. 23.–27. Mai, Besuch Ludwigs II. bei Wagner in Triebschen in der Schweiz.

1867: 11. November, die Anfang des Jahres eingegangene Verlobung des Königs mit Sophie von Bayern wird offiziell gelöst. 20.–29. Juli, Ludwigs Besuch der Weltausstellung in Paris.

1870: 15. Juli, Kriegsbeginn Frankreich–Preußen; am selben Tag Mobilisierung in Bayern. 27. Juli, Kronprinz Friedrich von Preußen, Oberbefehlshaber der Bayerischen Truppen, bei Ludwig II. in München. 29. November, Unterzeichnung des Briefs, in dem Ludwig Wilhelm I. von Preußen die deutsche Kaiserkrone anträgt.

1871: 18. Januar, Proklamierung des Deutschen Reichs in Versailles. 16. Juli, Ludwig II. begrüßt in München die aus Frankreich heimkehrenden Truppen.

1874: August, der König besucht Paris.

1875: Ludwig II. in Reims. Beginnn der Erbauung seiner Schlösser in Bayern.

1876: 4., 5. und 27.–29. August, Ludwig II. in Bayreuth.

1881: 30. April, Ludwig II. lernt den Schauspieler Joseph Kainz kennen. 3. Juni, empfängt Kainz auf Schloß Linderhof; 27. Juni bis 11. Juli, Reise mit Kainz.

1882–1885: Ludwig II. wird für die Welt unsichtbar; wird von Schulden geplagt und verliert allmählich sein geistiges Gleichgewicht.

1886: Eine von der Regierung zusammengestellte Kommission von Irrenärzten erklärt Ludwig II. für unfähig, länger an der Macht zu bleiben. 9. Juni, eine offizielle Abordnung trifft auf Schloß Neuschwanstein ein mit dem Auftrag, Ludwig zur Abdankung aufzufordern. 11. Juni, Dr. von Gudden bemächtigt sich Ludwigs II. und bringt ihn in das Schloß Berg. 13. Juni, Ludwig II. und Dr. von Gudden werden ertrunken im Starnberger See gefunden.